RECHERCHES STATISTIQUES

SUR

LE ROYAUME DES PAYS-BAS.

Tome V.

RECHERCHES STATISTIQUES

SUR

LE ROYAUME DES PAYS-BAS;

PAR A. QUETELET.

MÉMOIRE LU A LA SÉANCE DE L'ACADÉMIE DU 6 DÉCEMBRE 1828.

BRUXELLES,

M. HAYEZ, IMPRIMEUR DE L'ACADÉMIE ROYALE.

1829.

INTRODUCTION ([1]).

PENDANT long-temps l'histoire des peuples s'est réduite à la peinture des effets déplorables de leurs fureurs; on ne nous présentait l'homme que pour le montrer, les armes à la main, courant égorger son semblable, ou servant aveuglément d'instrument aux passions souvent les plus viles. On a compris depuis qu'il existait une étude plus consolante; les peuples ont été considérés de près; on a examiné leurs lois et leurs mœurs; on a cherché à pénétrer le secret de leurs richesses, à sonder les sources de leurs prospérités. Un calcul qui prit naissance vers le milieu du dix-septième siècle, et qui ne servit d'abord qu'à évaluer les chances que présentent les différens jeux, prit bientôt un nouveau développement et répandit une lumière inespérée sur plusieurs grands problèmes, dont la solution intéressait le plus l'humanité. On entrevit dès lors la possibilité de s'élever d'une manière sûre, par des documens puisés dans le passé, à des règles de conduite pour l'avenir. L'économie politique à son tour prit rang parmi les sciences, et en s'appuyant d'une part sur

---

(1) Ce Mémoire, dont les principaux documens ont été puisés à des sources très-authentiques, n'était pas destiné d'abord à être rendu public. S. M. le Roi des Pays-Bas, ayant bien voulu depuis m'autoriser à le livrer à l'impression, je le présente ici comme faisant suite à quelques essais sur la statistique que j'ai déjà publiés précédemment. Je crois devoir faire mention de cette circonstance, qui n'est pas étrangère à la confiance que peut mériter mon travail.

I

la statistique, et de l'autre sur l'histoire considérée sous son point de vue le plus large, elle prêta à la société ses conseils et ses lumières. Au lieu de mots on voulut des faits; et des observations sages au lieu de vagues hypothèses et de systèmes sans fondement. On apprécia tous les avantages que prenait le raisonnement dans une marche aussi sévère. Cette manière de procéder toute scientifique caractérise le dix-neuvième siècle, destiné à occuper un des premiers rangs dans les annales de l'esprit humain; chaque jour elle prendra de nouvelles forces dans les nombreux documens dont on l'environne, et il faudra désormais pour essayer de l'attaquer avec succès, se mettre sur son terrain et la combattre à armes égales.

Parmi les nombreuses applications que l'on a faites du calcul des probabilités, la statistique comparée n'est certes pas une des moins importantes; elle est à peu près pour la société ce que l'anatomie comparée est pour le règne animal. Son but est éminemment utile; rien ne doit être en effet plus intéressant aux yeux du philosophe et de l'homme d'état, que d'observer les modifications qu'éprouvent les différens peuples dans leur état physique et moral, et de chercher à en pénétrer les motifs. Car il faut bien nous dépouiller de cette idée que les événemens dont nous n'apercevons pas directement les causes, sont produits par le hasard, mot vide de sens, dont le vulgaire voile son ignorance et qui tend à nous faire envisager les choses d'une manière étroite.

Je suis loin sans doute de prétendre que quelques tableaux numériques isolés peuvent suffire pour déterminer complétement tous les élémens si compliqués de nos sociétés modernes. Il faudrait, pour remonter des effets aux causes, ou pour conclure de ce qui est à ce qui sera, avoir égard à un ensemble de circonstances qu'il n'est point donné à l'homme de pouvoir embrasser : de là, la nécessité de négliger toujours, dans toute espèce d'appréciation, un certain nombre de circonstances dont il aurait fallu tenir compte. De là aussi, l'absurdité des résultats auxquels conduit souvent cette énumération incomplète, ou le trop d'importance qu'on attache à un élément qui ne devrait être considéré que comme secondaire. La mauvaise foi pourra même porter à ne choisir dans une série de résultats, que ceux qui sont favorables au principe qu'on voudrait faire prévaloir, en passant sous silence ceux qui lui seraient contraires : et c'est ainsi, comme on l'a fort bien observé, que tout pourrait se prouver par les nombres de la statistique. Mais de ce que l'observation est difficile et de ce qu'il existe des ignorans ou des hommes de mauvaise foi, faut-il en conclure qu'on doit rejeter la statistique? Non sans doute : il faudrait rejeter aussi la physique, la chimie, l'astronomie, en un mot, toutes les sciences d'observation qui rendent les services les plus éminens et qui font le plus d'honneur à l'esprit humain. Pour l'ignorance, elle se montre toujours par assez de côtés, pour qu'on n'ait point à la redouter ; quant à la mauvaise foi, il faut s'attacher à la

combattre, en prenant dans la statistique même les élémens qu'elle cherchait à cacher, afin de substituer avec plus
d'assurance le mensonge à la vérité.

La statistique doit donc entrer, à mon avis, dans la
même voie que les sciences d'observation ; et dans l'impos-
sibilité de réunir tous les élémens qui déterminent l'état
de la société, elle doit s'attacher à reconnaître ceux qui ont
en général le plus d'influence, et chercher à les déterminer
de la manière la plus rigoureuse, et sous une forme qui
les rende facilement comparables. Ce genre d'appréciation
présente de grandes difficultés, il est vrai ; j'ajouterai même
qu'il n'appartient qu'à un esprit supérieur de bien distin-
guer tous les élémens qui ont amené un résultat, et de
reconnaître ceux qu'on peut négliger sans qu'il en résulte
d'erreur sensible ; mais il suffit d'avoir de la rectitude dans
le jugement, pour assembler des documens dignes de confiance, quand il a été reconnu que ces sortes de documens
peuvent être utiles. Déjà la route à suivre a été tracée par
des hommes habiles ; mais comme elle a été tracée de différentes manières, on a de la peine à s'entendre, et cependant les chemins s'encombrent de jour en jour de matériaux
de toute espèce, que des écrivains plus zélés qu'instruits
amassent souvent sans discernement.

Parmi les élémens que doit comprendre la statistique,
les uns peuvent s'exprimer numériquement, les autres ne
peuvent en aucune manière être réduits à une semblable
expression. Vouloir adopter exclusivement l'un ou l'autre

de ces deux genres d'élémens, c'est ne voir qu'un côté de la statistique. Je ne suis pas d'avis cependant qu'il faille mettre dans la statistique des sciences qui lui sont étrangères ; il me semble qu'on a voulu lui donner beaucoup trop d'extension en y faisant entrer, par exemple, la topographie et l'histoire, qui sont nécessaires sans doute pour acquérir une notion complète d'un pays et de l'état moral de ses habitans, mais qui doivent continuer à former des sciences particulières. Quelques écrivains aussi n'ont pas vu sans une certaine crainte, les documens numériques que contiennent la plupart des statistiques, et ont crié à l'envahissement des nombres ; quelques-uns même, sous prétexte qu'on voulait trop matérialiser les choses, ont cherché à les envelopper d'une espèce de proscription, et se sont plaints de ce qu'on comparait l'homme à des machines, et de ce qu'on étudiait les états comme des *cadavres*. Ce qui paraît surtout les choquer, c'est l'application qui a été faite du calcul des probabilités à tout ce qui concerne les tribunaux. Ils ont vu du fatalisme dans la conclusion qu'on déduisait des nombres annuels des accusés et des condamnés; et plutôt que de renoncer à des préjugés très-respectables sans doute, ils préfèrent nier que, les mêmes causes continuant à subsister, on doit s'attendre à voir se reproduire les mêmes effets, sans même rien préjuger sur la nature de ces causes. En vain, l'expérience leur parle à défaut de preuves scientifiques qu'ils repoussent, ils ne voudront jamais comprendre qu'il y ait de la probabilité pour la reproduction d'événemens qui, pendant long-temps, se sont manifestés régulièrement sous les mêmes influences. Ayant eu occasion moi-même de soulever dans cet écrit des questions délicates, j'ai énoncé librement et franchement ce que me dictait une conviction intime; je ne crains pas de voir se renouveler encore des accusations que m'a déjà suscitées la publication de quelques-uns des résultats auxquels je suis parvenu, tout en croyant cependant avoir droit à l'impartialité et à la tolérance que j'ai toujours professées à l'égard des autres.

D'après la haute idée que j'ai cherché à faire concevoir de la statistique comparée, il paraîtrait sans doute téméraire de me présenter dans une carrière épineuse où quelques hommes distingués ont seuls osé se montrer jusqu'à présent; aussi n'ai-je point cette prétention. Comme Belge, j'ai par inclination porté de préférence mon attention sur la Belgique; je me suis borné à réunir quelques nouveaux documens sur ce pays, dont j'ai cherché à comparer l'état à celui des peuples voisins qui se sont élevés si haut par leur industrie et par leurs lumières. Je crois devoir garantir du reste que je n'ai eu en vue que la vérité, seul but de toutes mes études et de tous mes travaux; je n'écris sous l'influence d'aucun système, d'aucun parti, je ne puis cependant, en cherchant à me mettre à l'abri des erreurs ou des préjugés, garantir d'avoir réussi à m'y soustraire entièrement, surtout dans un sujet aussi difficile.

RECHERCHES STATISTIQUES

SUR

LE ROYAUME DES PAYS-BAS.

Étendue du Royaume des Pays-Bas.

Si nous jetons les yeux sur le royaume des Pays-Bas (1), nous trouvons que *sa surface ne forme environ que la cent quinzième partie de l'Europe, et moins de la deux millième partie des terres connues à la surface de notre globe* (2). Son peu d'étendue étonne au premier abord; mais cet étonnement se change en admiration quand on songe qu'il a su par son énergie occuper pendant près d'un siècle l'empire des mers, et qu'il s'était rendu le centre du commerce du monde entier; aujourd'hui même l'industrieuse activité de son peuple mérite encore de fixer l'attention des autres nations civilisées. L'homme se reproduit sans peine au milieu de

---

(1) Voyez le tableau n° 1, à la fin du Mémoire. Les nombres qu'il présente m'ont été communiqués obligeamment par le Ministère de l'intérieur. Je dois en particulier des remercîmens à M. Van Ewyck, administrateur de l'instruction publique.

(2) D'après l'*Aperçu statistique de l'Europe* en 1827, par M. Hassel, on a :

	MILLES CARRÉES.	HABITANS.
Les 5 parties du monde	3000000	900000000
Europe	157341	213713403
Russie.	75165	48308600

l'aisance; aussi n'existe-t-il peut-être pas au monde un état qui présente une population plus grande en raison de son étendue, que le royaume des Pays-Bas (1). *On y compte un habitant par hectare, ce qui suppose, à égalité de surface, une population moyenne quatre fois aussi grande que celle de l'Europe, et seize fois aussi grande que celle des terres connues à la surface de notre globe.* La Russie, ce colosse immense qui occupe à lui seul près de la moitié de l'Europe, est comparativement huit fois moins peuplée que notre pays.

Si nous examinons de plus près l'état du royaume, pour le comparer à celui des royaumes voisins, nous trouverons d'abord que sa superficie ne forme environ que 1/9 de celle de la France (2), et 2/7 de celle de la Grande-Bretagne, c'est-à-dire, de l'Angleterre, du pays de Galles et de l'Écosse (3). Les trois quarts de cette su-

---

(1) Voyez le tableau nº 2, extrait des documens officiels, imprimés à La Haye, en 1827, par la commission de statistique. Cependant la population pour 1825 est donnée d'après l'Annuaire (*Jaarboekje*) de Lobatto, parce que dans les documens officiels, on n'avait pas eu égard aux changemens de domicile.

(2) M. Dupin, dans son ouvrage sur les *Forces productives et commerciales de la France*, tome 1, page 23, donne sur la France les documens suivans :

Terres cultivées. . . . . 46000000 hect.

Superficie totale. 53533426

Habitans (1826). 31600000

(3) D'après l'ouvrage *Statistical illustrations*, publié par la société de statistique de Londres, 1 vol. in-8º, 1827, on a :

	ANGLETERRE.	ÉCOSSE.
Terres cultivées.	27900000	4550000 acres.
» incultes	9184400	14395000
Superficie totale.	37084400	18945000
Habitans	12298175	2033456

La population est celle de 1821. M. Dupin porte les deux populations réunies, à 15,000,000 pour 1826.

perficie se composent de terres cultivées; l'autre quart est en partie sillonné par des chemins et de, canaux, en partie couvert de villes, de bourgs et d'habitations de toute espèce, et présente encore un assez grand nombre de terres incultes, dont l'étendue diminue de jour en jour. La Grande-Bretagne, si riche, si puissante, qui compte à elle seule presqu'autant de vaisseaux que le reste de l'Europe, est moins bien partagée que nous; le tiers environ de sa surface est improductif. Il est vrai que si l'on en sépare l'Écosse, son état devient à peu près semblable au nôtre. En Écosse, les trois quarts de la superficie sont encore incultes; c'est le contraire en Angleterre, les trois quarts de la superficie se composent de terres labourées et de pâturages.

Dans son grand ouvrage sur les *Forces commerciales et productives de la France*, M. Dupin calcule que sur 53533426 hectares de superficie, il y en a 46000000 mis en valeur par la culture. Les six septièmes des terres de ce royaume seraient donc productifs. Tout en croyant à l'exactitude de ces nombres, nous pensons que l'évaluation des terres cultivées et incultes a peut-être été faite de manière à ne pas permettre de comparaison avec nos documens. Ce qui semble venir à l'appui de cette conjecture, c'est l'énorme disproportion qui existe d'une autre part entre les nombres qui représentent les chemins et les canaux dans les deux royaumes (1). Il résulte de l'état cadastral, qu'il faut compter chez nous par myriamètre carré au delà de 3800000 mètres carrés, de sorte que la vingt-sixième partie du royaume environ n'est composée que de communications de toute espèce. Or, d'après l'ouvrage de M. Dupin, le nombre des routes, des canaux et des rivières navigables ou flottables, ne s'élève en France qu'à 9824

---

(1) Il paraît que dans l'estimation pour la France, on n'a eu égard qu'aux grandes routes, tandis que chez nous on a fait entrer en ligne de compte tout ce qui était chemin.

mètres de longueur par myriamètre carré; ainsi, *en supposant à nos chemins et à nos canaux au delà de 38 mètres de largeur moyenne, ce qui pourra paraître exagéré, nous aurions encore dix fois plus de communications que la France.*

De la Population.

Nous avons déjà eu occasion de voir que la population des Pays-Bas est incomparablement plus grande que celle de la France et de la Grande-Bretagne. On y comptait en 1826, 9822 habitans par myriamètre carré (1), c'est à peu près un habitant par hectare ou par bonnier. Dans la Grande-Bretagne, on ne comptait à la même époque que 6930 habitans par myriamètre carré, et en France, 5900. En séparant l'Angleterre de l'Écosse, on trouve que la population est de 8107 habitans par myriamètre carré, et qu'elle est conséquemment encore moindre que la nôtre.

Nous devons regretter, comme je l'ai déjà fait observer dans mes *Recherches sur la population* (2), que nous ne connaissions que d'une manière imparfaite la population de notre royaume; élément qui doit être considéré comme la base de toutes les recherches statistiques. Il paraît que l'évaluation que nous en avons est généralement trop faible. Malgré cet état d'incertitude, il est aisé de voir que la population reçoit des accroissemens annuels très-sensibles. Ces accroissemens sont, dans leur valeur moyenne et pour les cinq années qui ont précédé 1828, de 10982 âmes pour 1 million

---

(1) Nous faisons ici la population pour 1826, de 6088300 âmes.

(2) In-8o, 1827. Chez Tarlier, à Bruxelles.

d'habitans (1), et surpassent un peu les nombres qu'on obtient pour la Russie et l'Autriche. M. Dupin estime l'accroissement annuel de la Grande-Bretagne à 16667 âmes par 1 million d'individus, et celui de la France à 6536 (2).

Il est remarquable que pendant que toutes les nations de l'Europe voient croître leur population, l'Espagne seule offre le phénomène d'une population constamment décroissante depuis les temps les plus reculés, et l'ordre de choses qui y règne actuellement, ne contribuera certainement pas à amener un changement favorable. L'Espagne possède à elle seule, tous les élémens qui peuvent arrêter le développement de la population ; les guerres civiles, les émigrations, le manque de confiance et de communications sûres, la stagnation du commerce, l'inquiétude du gouvernement, les pro-

---

(1) D'après la commission de statistique et le *Jaarboekje* de Lobatto, la population était au 1er janvier

de 1827. . . . 6116935	1827. . . . 6116935
1817. . . . 5542742	1822. . . . 5790062
Accr. pour 10 ans. . 574193	326873
» » 1 an. . 57419	65375

(2) Voici les nombres que donne ce savant pour plusieurs états de l'Europe. (Voyez *Forces commerciales*, etc.)

La Prusse.	27027
La Grande-Bretagne	16667
Les Pays-Bas.	12372
Les Deux-Siciles	11111
La Russie.	10527
L'Autriche.	10114
La France.	6536

scriptions, sans compter celles qui ont eu lieu antérieurement, et qui ont rejeté hors de l'Espagne plus de 400000 juifs, et enseveli 341021 victimes dans les prisons de l'inquisition (1).

Si l'accroissement actuel de la population des Pays-Bas continuait, tout faible qu'il semble être, il arriverait que le nombre des individus qui habitent le royaume se trouverait :

Doublé	après	63 ans ;
Triplé	après	100 ;
Quadruplé	après	127 ;
Quintuplé	après	147.

Ainsi, *avant un siècle, notre population serait égale à celle que la Grande-Bretagne possède actuellement ; et avant un siècle et demi, elle vaudrait celle de la France.* Il arriverait encore qu'il ne faudrait guère plus de trois à quatre siècles (377 ans), pour que la population des Pays-Bas égalât celle de la France, si l'on tient compte de l'accroissement annuel que ce dernier royaume reçoit de son côté ; et à cette époque, *les deux pays auraient chacun une population de plus de* 368 *millions d'habitans, ce qui forme à peu près* 60 *fois notre population actuelle,* nombre immense qui pourrait effrayer, si l'on n'avait égard à la marche de la nature qui arrêterait les développemens de l'espèce humaine, dès que ces développemens pourraient devenir nuisibles ; comme il est démontré qu'elle les accélère pour réparer les pertes qu'ont occasionnées les guerres et les autres fléaux destructeurs. Quoiqu'un accroissement continu dans la population, quelque petit qu'il puisse être d'ailleurs , soit une pure hypothèse mathématique, il est prudent néanmoins que

---

(1) *Elementos de la cienca de Hacienda*, par don José Canga Arguelles.

les lois n'encouragent point un développement prématuré qui finirait à la vérité par s'arrêter lui-même, mais peut-être après des secousses déplorables pour la société.

Si un développement rapide de population n'est pas toujours un bien, il annonce au moins un état actuel de bien-être. L'arbre qui développe un feuillage abondant, lors même qu'il ne porte aucun fruit, n'accuse point l'aridité du sol qui le nourrit, mais plutôt le manque de culture qu'aurait pu lui donner une main habile et industrieuse; il est reconnu d'ailleurs que la population se développe généralement en raison des choses produites. Jetons les yeux sur le tableau suivant; nous pourrons en déduire plusieurs conséquences importantes; les nombres qui y figurent sont le résultat de plusieurs années d'observation.

	PAYS-BAS (1).	FRANCE (2).	GRANDE-BRETAGNE (3).
100 naiss., par	2807 hab.	3168	3534
100 décès. »	3981 »	4000	5780
100 mariag. »	13150 »	13490	13333
100 mariag. »	468 naiss.	426	359

On voit que les mariages sont plus nombreux dans notre pays que chez nos voisins, et ils sont en même temps plus productifs; mais

---

(1) Les calculs sont faits d'après les tableaux déjà mentionnés de la commission de statistique. Voyez aussi le tableau n° 2.

(2) L'*Annuaire du bureau des longitudes* de France, pour 1828, donne les nombres suivans, relatifs à 1825,

Naissances	973986
Décès	798012
Mariages.	243674

(3) Les rapports sont tirés des *Statistical illustrations*, etc.

les décès qui sont à peu près en même nombre qu'en France, surpassent de beaucoup ceux de la Grande-Bretagne; la disproportion est considérable, elle est environ dans le rapport de 3 à 2. Ainsi la Grande-Bretagne produit moins que notre pays, mais les fruits sont plus durables; elle donne le jour à moins de citoyens, mais elle les conserve mieux. C'est par-là que ce pays prend de si grands accroissemens de population, et ces accroissemens sont entièrement à son avantage, car si la fécondité y est moindre, les hommes utiles y sont plus nombreux, et les générations ne se renouvellent pas aussi souvent au détriment de la nation.

L'homme pendant ses premières années vit aux dépens de la société; il contracte une dette qu'il doit acquitter un jour; et s'il succombe avant d'avoir réussi à le faire, son existence a été pour ses concitoyens plutôt une charge qu'un bien. Veut-on savoir ce qu'il en coûte, prenons les prix les plus bas : je trouve que, depuis la naissance jusqu'à l'âge de 12 à 16 ans, tous les frais d'entretien d'un enfant dans les hospices du royaume s'élevaient, en 1821, dans leur valeur moyenne à 524,66 fl. (1); conséquemment tout individu qui échappe à l'enfance a contracté une espèce de dette dont le *minimum* est de 524,66 fl., somme payée par la société pour l'entretien de l'enfant qu'on abandonne à sa charité. Or, il naît annuellement dans les Pays-Bas au delà de 210100 (2) enfans, dont 9/20 sont enlevés avant d'avoir pu se rendre utiles; ces 94500 infortunés peuvent être considérés comme autant d'amis étrangers qui, sans fortune, sans industrie, sont venus prendre part à la consommation et se retirent ensuite sans laisser d'autre trace de leur passage que de tristes adieux et d'éternels regrets. *La dépense qu'ils ont occasion-*

---

(1) *Recherches sur la population*, etc., par A. Quetelet, page 40.
(2) Même ouvrage. Voyez la table de mortalité.

née, sans tenir compte du temps qu'on leur a consacré, représente la somme énorme de près de 5o millions de florins, c'est-à-dire près des deux tiers des revenus de l'état. Si l'on considère d'une autre part les douleurs que doivent exciter de pareilles pertes, douleurs que ne pourraient compenser aucuns sacrifices humains, on sentira combien ce sujet est digne d'occuper les méditations de l'homme d'état et du philosophe vraiment ami de ses semblables.

Je n'ai point eu égard dans le calcul précédent à l'inégalité d'âge auquel succombent ces victimes; mais cette inégalité est plus que compensée par l'excédant de la dépense qu'occasionne l'entretien d'un enfant hors des hospices, par les frais d'instruction et par d'autres dépenses qu'il serait trop long d'énumérer. La prospérité des états doit consister moins dans la multiplication que dans la conservation des individus qui les composent. L'on conçoit dès lors qu'il n'est pas seulement de la plus haute importance qu'on maintienne avec fermeté les lois qui tendent à écarter les causes de la mortalité, comme celles sur la vaccine, l'assainissement des villes, etc.; mais encore que l'on encourage les recherches qui ont pour but la conservation de l'espèce humaine, qu'on les provoque même par des récompenses.

Il serait très-intéressant de pouvoir remonter aux causes qui mettent la Grande-Bretagne dans la position avantageuse que nous venons d'indiquer; sans doute la propreté et l'abondance des choses produites doivent y entrer pour beaucoup. Nous ne doutons pas non plus que le désavantage qu'indiquent nos rapports ne soit plus apparent que réel. Supposons en effet que la population du pays qui, dans l'estimation qu'on en fait, nous paraît trop faible, fût entièrement inconnue et que l'on n'eût de notions certaines que sur les nombres annuels des naissances, des décès et des mariages. On pourrait au moyen de ces nombres estimer assez exactement la grandeur de la population; il faudrait à cet effet former des hypothèses sur sa valeur; puis en partant de ces différentes hypothèses, chercher les rapports de la population avec les naissances, les décès et les mariages. La comparaison de ces rapports avec ceux obtenus dans les pays voisins, nous ferait connaître un résultat approchant de celui que nous cherchons. Or, nous avons fait ces calculs que nous reproduisons ici.

	HABITANS PAR		
Popul. présum.	100 naiss.	100 décès.	100 mariag.
5000000	2481	3517	11621
5500000	2729	3869	12783
6000000	2977	4221	13945
6500000	3225	4572	15108
7000000	3473	4929	16270

Nous avons pris dans nos calculs les moyennes sur 10 années d'observation, de 1815 à 1825, d'après les documens officiels publiés par la *Commission de statistique*. La valeur moyenne de la population était de 5659485 individus. Or, nous ne craignons pas de dire que l'estimation aurait dû être portée à 6000000 au moins, et alors les rapports tels que nous les donne le tableau précédent, seraient mieux en harmonie avec les rapports trouvés chez nos voisins. Cette estimation augmenterait donc la population d'environ 350000 âmes, valeur sans doute trop faible encore; mais elle présenterait plus d'accord avec les tables de mortalité. On trouve en effet, que la vie probable est en France de 20 à 21 ans (1); dans notre pays de 22 à 23 (2), et en Angleterre de 27 à

_____

(1) Voyez les tables de mortalité de l'*Annuaire du bureau des longitudes* de France.
(2) Voyez les tables de mortalité que j'ai publiées dans la *Correspondance Mathématique*; on les trouve aussi dans le *Jaarboekje* de Lobatto et dans mes *Recherches sur la population*, etc.

28 (1), c'est-à-dire, qu'à ces époques les individus nés en même temps, sont réduits de moitié.

Des Impôts et du Commerce.

Les rapprochemens que l'on peut faire entre plusieurs pays, pour ce qui concerne leur état financier ou commercial, doivent nécessairement être plus ou moins douteux. On ne connaît, la plupart du temps, les élémens que l'on compare que par les revenus qu'ils donnent au trésor, et ces revenus sont généralement perçus d'après des lois et des modes qui varient d'un pays à l'autre. Il faudrait donc tenir compte de toutes ces inégalités, ce qui devient à peu près impossible. Nous allons néanmoins examiner quelques données qui permettent d'être comparées.

Ce qui mérite d'abord de fixer notre attention, c'est la valeur moyenne, payée à l'état par chacun des individus qui composent les trois royaumes que nous comparons. D'après les recettes de 1817 à 1827, *un individu payait à l'état une valeur moyenne qui s'élevait dans les Pays-Bas, à 14,48 fl. (2), en France, à 14,74 fl., dans la Grande-Bretagne, à 44,31 fl.* (3). Ainsi, dans les Pays-Bas, on paie au gouvernement un peu moins qu'en France, contre l'opinion assez généralement reçue; et l'on paie environ trois fois moins que dans la Grande-Bretagne. Dans ces calculs ne sont pas compris les droits perçus par les villes et par les provinces;

---

(1) Voyez les tables de mortalité anglaises et le *Traité élém. du calcul des probabilités*, par Lacroix, ou le *Calcul conjectural*, par Parisot.

(2) Voyez pour ce qui concerne les finances, les tableaux 3 et 4, qui sont extraits des *Comptes rendus au Roi*. La valeur moyenne des impôts est 88044153 fl.

(3) Nous avons, pour ce qui concerne les finances, tiré les nombres dont nous faisons usage de l'ouvrage de M. Dupin, pour la France, et des *Statistical illustrations*, pour l'Angleterre.

3

ces derniers droits peuvent être évalués à raison de 42 cents par individu (1).

Si au lieu d'estimer ce que paie chaque individu des trois royaumes, nous estimons ce que paie chaque hectare ou bonnier, nous trouverons qu'*un bonnier paie dans les Pays-Bas,* 14,20 *fl.; en France,* 8,70 *fl.; dans la Grande-Bretagne,* 30,72 *fl.* En établissant le calcul de cette manière, comme le fait M. Dupin, nos terres produisent au trésor plus que celles de la France, et les sommes payées dans les trois royaumes offrent des différences qui correspondent aux différences d'accroissemens annuels que reçoivent les populations respectives (2).

---

(1) Nous extrayons les nombres suivans de l'ouvrage de M. A. Balbi, sur *La monarchie française comparée aux principaux états du globe.*

	RAPPORT du revenu à la POPULAT. pour ch. habitant fr.	RAPPORT de la dette à la POPULAT. pour ch. hab. fr.	RAPPORT de l'armée à la POPULAT. 1 soldat sur hab.	RAPPORT de la flotte à la POPULATION. vaiss. lig. et frég. sur h.
Royau.-Unis (a).	65,2	869	229	82979
France. . . .	30,9	145	138	290909
Pays-Bas (b) .	26,3	635	142	170556
Mon. Prussienne	17,2	29,3	80	
États-Unis . .	12,1	34,8	1977	316000
Emp. d'Autriche	10,9	45,6	118	2909091
Empire Russe. .	6,6	21,4	57	686250

(a) L'Angleterre, l'Écosse et l'Irlande qui n'entre pas dans nos calculs.

(b) « M. Balbi a porté la dette des Pays-Bas à 3,800,000,000 de francs; mais M. Balbi comprend évidemment dans son calcul la dette différée, composée de deux tiers de l'ancienne dette, éteinte sans indemnité en France, et dont le montant ne peut être mis en comparaison, ni avec la dette de ce dernier royaume, ni avec celle des autres états. On sait que la dette inscrite du royaume des Pays-Bas, portant intérêt, monte à 1,664,669,000 francs. » (*Gazette des Pays-Bas*, n° 31, 1829.)

(2) M. Metelercamp a donné des résultats intéressans sur les biens-fonds et le commerce des provinces septentrionales, dans l'ouvrage : *De toestand van Nederland*, enz., 3 volumes, Rotterdam, 1804. Voyez aussi la *Géographie historique, physique et statistique du royaume*, par M. De Cloet. Bruxelles, 1822.

Les revenus de notre royaume n'ont pas augmenté d'une manière sensible; ils n'ont fait que suivre l'accroissement de la population; cette augmentation porte particulièrement sur les consommations. Les impôts directs n'ont guère varié de 1817 à 1826. Le produit des postes qui s'élevait à 1000000 fl. jusqu'en 1820, s'est trouvé doublé depuis cette époque. Les droits d'enregistrement, d'hypothèque, etc., ainsi que le produit des routes et celui des garanties sur l'or et l'argent, sont restés à peu près les mêmes. L'augmentation des revenus de l'état, provient surtout des droits d'entrée et de sortie et du produit des accises, ce qui tient à l'augmentation de la population, qui doit faire une consommation plus grande, et surtout aux nouveaux droits qui ont été imposés. La loterie a fait des progrès, si l'on en juge par le revenu du trésor, qui a augmenté de près d'un tiers, dans l'espace des dix années qui ont précédé 1826; elle avait au contraire éprouvé en France, une réduction de près de moitié dans l'espace de cinq ans.

Une des parties les plus fortes des revenus de l'état est, ici comme en France, le produit des contributions directes; elle forme, à elle seule, plus du tiers de ces revenus.

De nombreux documens prouvent que, depuis la fin du 17ᵐᵉ siècle, la valeur des marchandises anglaises, importées dans les Pays-Bas, a été presque toujours trois à quatre fois aussi grande que celle de nos exportations en Angleterre. D'après les recherches de M. Moreau, vice-consul de France à Londres, l'Angleterre (1) importait chez nous au commencement du 18ᵐᵉ siècle, pour plus de 2000000 livres sterlings; au commencement de ce siècle, cette somme se trouvait plus que doublée, et elle a conservé depuis à peu près la même valeur. Au commencement du

(1) Les tableaux de M. Moreau ont été publiés en Angleterre.

18ᵐᵉ siècle, les Pays-Bas exportaient annuellement en Angleterre pour plus de 600000 liv.; et dans ces dernières années, cette valeur s'est élevée jusqu'à 1564273 liv. Les échanges de marchandises que se font ces deux royaumes, ont donc des valeurs qui sont à peu près proportionnelles aux superficies des deux territoires.

De la Librairie et des Journaux.

Parmi les différentes branches de notre industrie, il en est peu qui inspirent plus d'intérêt que l'imprimerie; parce qu'indépendamment des revenus qu'elle produit, elle nous rappelle des titres glorieux, et qu'elle peut être considérée comme un des canaux par lesquels les lumières se répandent avec le plus d'abondance. Nous aurions désiré pouvoir fournir ici quelques données sur le développement rapide que l'imprimerie a pris dans le royaume; développement qui peut montrer jusqu'à certain point l'ardeur avec laquelle on se porte au-devant des connaissances de toute espèce. Malheureusement, nous ne possédons que le relevé assez incomplet des ouvrages indigènes, et l'on sait que c'est la partie la moins considérable de notre librairie, qui se compose surtout de réimpressions d'ouvrages étrangers. Le nombre des ouvrages indigènes imprimés dans ce pays, pendant les trois années qui viennent de s'écouler, a été de 2183, sans y comprendre les journaux et les recueils périodiques (1). On peut évaluer le nombre des feuilles imprimées à 13098000, en supposant que les ouvrages se composaient, terme moyen, de dix feuilles, et étaient tirés à 600 exemplaires; ce qui donnerait annuellement 4366000 feuilles. M. Daru, comptait que la France, en 1815, avait produit 128 millions de feuilles imprimées, c'est-à-dire, cinq à six fois plus que chez nous,

---

(1) Voyez le tableau nº 5, et la *Correspondance Mathém.*, par A. Quetelet, tome III.

en ayant égard à l'inégalité de population (1). Mais, nous le ré-
pétons, ces calculs ne peuvent faire connaître l'état relatif de l'imprimerie dans les deux pays.

Pour le montrer, examinons ce que la seule ville de Bruxelles
a produit d'après des documens que nous avons recueillis, et à
l'exactitude desquels nous croyons pouvoir nous fier : cette ville
possède actuellement 40 imprimeries qui ont 84 presses en activité.
Or, chaque presse peut donner 1000 et même 1200 feuilles imprimées par jour, et si l'on n'en compte, terme moyen, que 500
et 300 jours de travail par an, on trouve que *Bruxelles seule, imprime actuellement* 1260000 *de feuilles par an, le dixième de ce qu'imprimait toute la France en* 1825. Le tableau suivant donnera une idée
du développement qu'a pris l'imprimerie depuis notre séparation
de la France (2).

ANNÉES.	FONDERIES.	OUVRIERS FONDEURS.	IMPRIMERIES.	PRESSES.	FEUILLES IMPRIMÉES.
1815	2	7	20	27	4050000
1816	3	10	20	27	4050000
1817	2	14	22	31	4650000
1818	3	20	25	36	5400000
1819	3	24	29	39	5850000
1820	3	33	31	43	6450000
1821	3	37	33	47	7050000
1822	3	37	35	52	7800000
1823	3	43	36	55	8250000
1824	3	43	36	57	8550000
1825	4	52	37	64	9600000
1826	4	65	41	74	11100000
1827	5	76	40	83	12450000
1828	5	66	40	84	12600000
Moyennes.	3	38	32	52	7800000

(1) *Revue encyclopédique*, mois de février et mars 1827, pag. 560 et 677.
(2) Ce tableau a déjà paru dans la *Correspondance Mathém.*, pour 1828.

Le nombre des presses qui se trouvaient dans les imprimeries, a toujours été plus considérable que celui qui est désigné dans le tableau où sont indiquées seulement les presses en activité. Plusieurs imprimeries n'ont qu'une presse; quelques-unes même travaillent avec un seul ouvrier; nous les avons fait entrer alors dans nos calculs comme n'ayant qu'une demi-presse. Il a été constaté que la librairie alimente à elle seule au delà de quatre-vingts métiers; on sentira dès lors combien cette branche intéres-sante mérite d'être soutenue dans ses progrès. La lithographie, qui compte à peine quelques années d'existence, a déjà fait naître, à Bruxelles seulement, seize établissemens, qui renferment 37 presses et occupent 107 ouvriers, non compris presqu'autant d'en-lumineuses. En douze années, le nombre des presses d'imprimeur a été triplé et celui des ouvriers fondeurs quintuplé. Les accrois-semens du commerce de la librairie deviennent bien autrement remarquables, quand on considère ce qui s'imprimait du temps de l'empire; Bruxelles n'avait alors que huit imprimeurs brevetés qui faisaient travailler une douzaine de presses, d'où ne sortaient, outre les affiches et les papiers administratifs, qu'une douzaine d'ouvrages originaux par an, autant qu'en fournirait aujourd'hui en une semaine, un de nos principaux ateliers d'imprimerie.

Bruxelles semble appelée par sa position à devenir un des cen-tres de la librairie européenne; déjà son état de prospérité a fait naître des inquiétudes fondées chez les libraires français, qui ont cru devoir lui opposer une ligue et des capitaux considérables.

En comparant le nombre des traductions de différentes langues qu'on a publiées chez nous, on trouve qu'il a été traduit deux fois autant d'ouvrages allemands que d'ouvrages français, et deux fois autant d'ouvrages français que d'anglais (1).

---

(1) Voyez le tableau n° 5. Les nombres ont été extraits des *Revues bibliographiques*, par M. Somerhausen.

On peut assez bien connaître par le prix du timbre des journaux, le nombre des feuilles qui paraissent annuellement. On trouve qu'en 1826, le timbre des journaux a rapporté 145739 florins (1), à peu près autant qu'en France, où il a produit 351154 francs ou 165920 florins. Comme les droits sur ces sortes de productions sont les mêmes dans les deux pays, on peut en déduire que les feuilles des journaux sont en nombres proportionnels à ces revenus; et que puisque la France, d'après le calcul de M. Dupin, comptait à l'époque dont il s'agit 26420520 feuilles (2), notre pays devait en compter 21900000 environ, sans y comprendre les journaux scientifiques et littéraires, qui par leur forme et les époques des publications, ne sont pas assujettis au timbre. Une *Revue bibliographique* annonçait, il y a peu de temps (3), que les journaux timbrés, pour l'Angleterre et le pays de Galles, se sont élevés en 1826, à 25684003 feuilles; pour l'Écosse, à 1296549, et pour l'Irlande, à 5473014. *Les Pays-Bas possèderaient donc 60000 feuilles de journaux par jour, ou 60000 abonnés annuellement; la France 72380, et l'Angleterre 70370; c'est 1 abonné pour 100 individus dans les Pays-Bas; 1 pour 437 en France, et 1 pour 184 en Angleterre.*

Il faut observer cependant qu'il pourrait bien s'être glissé une erreur dans les calculs de M. Dupin. Il résulte effectivement des calculs de ce savant, que le droit du timbre pour une feuille de journal, ne serait que de 1 centime 1/3 pour la valeur moyenne des différens formats. Or, cette valeur n'est que le tiers de ce qu'elle semble devoir être. Nous ne saurions être non plus de l'avis

---

(1) Voyez pour le produit du timbre, notre tableau n° 1, et pour le nombre des journaux, le tableau n° 7, ainsi que le 4e vol. de la *Correspondance Mathématique.*

(2) *Forces commerciales*, etc.

(3) La *Revue bibliographique*, etc., pour 1827. Demat, à Bruxelles. — Le produit du timbre dans la Grande-Bretagne est calculé d'après les *Statistical illustrations.*

de M. Dupin, quand il considère comme un bien la diminution des journaux; il nous semble que ces sortes de publications présentent un moyen sûr et prompt, pour répandre les connaissances de toute espèce; qu'on leur doit surtout le rapprochement qui s'est établi entre tous les peuples, et qui fait qu'une découverte nouvelle ou qu'une idée utile peut tourner aussitôt à l'avantage général. M. Dupin lui-même paraît reconnaître dans un autre endroit de son ouvrage, l'utilité des journaux, quand, en parlant de deux illustres professeurs que le ministère français a réduits au silence, il montre que 100 feuilles de leçons ont été remplacées par 13396570 feuilles d'impression, et 1500 auditeurs par 1500000 lecteurs. Voilà, s'écrie-t-il, quel est le triomphe des lumières et de la vérité !

On pourrait effectivement prendre, jusqu'à certain point, pour mesure de l'ardeur qu'on met à répandre les lumières, la quantité de journaux qui paraissent dans un pays. Une pareille mesure, si elle laisse à désirer du côté de la rigueur, présente du moins une classification assez piquante des gouvernemens. Nous présenterons ici les résultats des calculs d'après les données de M. A. Balbi (1); les quantités ont été prises en nombres ronds.

I JOURNAL PAR HABITANT.

Le Globe	230000
Asie	1400000
Afrique.	5000000
Océanie.	2200000
Europe	106000
Amérique	40000

(1) *Revue encyclopédique* , mars 1828, pag. 593, et avril 1828, pag. 252.

Jetons maintenant un coup d'œil sur les différens états de l'Europe ; l'ordre dans lequel ils se succèdent rend toute espèce d'observation superflue (1).

ÉTATS.	I JOURNAL PAR HABITANS.
Espagne	869000 ?
Empire Russe et Pologne.	674000
États de Sardaigne.	540000
États du Pape.	431670 ?
Empire d'Autriche	376471
Portugal. . . . . . . } Grand-Duché de Toscane. }	210000
Confédération Suisse	66000
France	52117
Iles britanniques.	46800
Suède et Norwége	47000
Confédération germanique.	44000
Monarchie prussienne	43090
Pays-Bas	40953

VILLES.	
Rome	51000
Madrid	50000
Lisbonne	21670
Vienne.	11338
Londres (2)	11250 ?
Pétersbourg	10667
Genève.	6250
Berlin	4074
Paris.	3739 ?
Bruxelles	3030
Stockholm.	2600
Leipzig, Weimar, Jéna	1100

---

(1) La *Monarchie française*, etc., par M. A. Balbi, et la *Revue encyclopédique*.

(2) Si le nombre des journaux paraît faible, il faut observer qu'ils sont tirés à un nombre considérable d'exemplaires et sous un très-grand format.

*Des Journaux, des Postes et des Loteries, considérés
comme impôts.*

En calculant les droits du timbre des journaux comme un
impôt qui se prélève également sur tous les individus du royaume,
et en mettant les résultats à côté de ceux qu'on obtient de la même
manière pour les loteries et les postes, on trouve que chaque individu paie annuellement, terme moyen :

	PAYS-BAS.		FRANCE.	GRANDE-BRETAGNE.
Pour les journaux.	5 centimes.		1	69
» les postes.	70	»	87	377
» les loteries.	57	»	37	50

Ainsi les journaux rapportent chez nous relativement aux individus, cinq fois la valeur à peu près de ce qu'ils rapportent en
France. Mais nous sommes loin de pouvoir soutenir le parallèle
avec l'Angleterre, où les droits sont beaucoup plus élevés; les
produits du timbre y sont treize fois plus forts que chez nous.

Les revenus des postes dépendent en grande partie de l'étendue
de pays que les lettres ont à parcourir, et sous ce rapport, les
revenus de la France par habitant, doivent être, toutes choses
égales, un peu supérieurs aux nôtres. Ce genre d'impôt est considérable pour l'Angleterre, et tient autant à l'élévation de la taxe
qu'aux nombreuses communications qui existent dans ce pays.
Nous ne voyons pas que le revenu des postes ait sensiblement augmenté chez nous depuis 1820. En Angleterre, il conserve une
valeur à peu près constante depuis les dernières guerres, c'est-à-
dire, depuis 13 ans environ.

Il est remarquable que l'Angleterre qui, sous tous les rapports,
produit au trésor beaucoup plus que notre royaume, ne paraît le
céder que sous un seul, malheureusement celui des loteries. On

avait annoncé que six loteries auraient annuellement lieu dans les Pays-Bas, et chacune devait produire 2300000 fl., sans compter 50000 fl. provenant des billets séparés, ce qui aurait formé un total de 14100000 florins, exposés par les joueurs. En calculant cette loterie nouvelle comme un impôt, on trouve qu'elle devrait produire plus de soixante cents par tête, c'est-à-dire, plus du double de ce qu'elle produisait précédemment. Elle suppose que *chaque individu joue annuellement fl. 2 - 27, ce qui fait deux fois la valeur de son impôt personnel; et que sur la somme exposée, il perd environ deux fois ce qu'il paie annuellement pour les droits de patente.* Et tel joueur se plaint ensuite de ne pouvoir payer sa part des impôts (1).

De l'Instruction et des Institutions de Bienfaisance.

Si nous considérons l'état de l'instruction, nous trouvons que nous sommes dans une position plus favorable que la France et même que la Grande-Bretagne; il nous reste cependant encore beaucoup à faire (2). En 1826, sur 3938 communes, il en était encore 684 sans écoles, c'est environ le sixième. En France, les deux cinquièmes des communes sont sans écoles; nous sommes conséquemment dans une position deux à trois fois plus avantageuse que ce pays, si l'on suppose toutefois que l'instruction soit également bonne des deux côtés. Nous envoyons aux écoles 100 enfans par 947 habitans; la France n'en envoie que 100 par 2019 habitans, y compris les filles (3). Consultons les tables de popu-

---

(1) Les nombres dont nous faisons usage sont empruntés à M. Dupin, aux *Statistical illustrations* et à notre tableau n° 4.

(2) Voyez le tableau n° 6, extrait des *Rapports sur les écoles du royaume*, publiés par le gouvernement des Pays-Bas, en 1827 et 1828; pour la France, voyez le grand ouvrage de Dupin.

(3) Il paraît du reste que les tableaux pour la France ne sont pas tout-à-fait comparables aux nôtres, qui sont beaucoup plus complets.

lation ; nous trouverons que sur 10000000 d'habitans, on en compte 1920253 de 5 à 15 ans. Ainsi, *on pourrait à la rigueur envoyer aux écoles* 100 *enfans par* 521 *habitans. Plusieurs de nos provinces atteignent à peu près cette limite.* « En Angleterre, le nombre des élèves qui fréquentent *les écoles du jour,* comparé à la population, est de 1 sur 21, et en comptant *les écoles du dimanche,* de 1 sur 11. En Irlande, il est de 1 sur 11,5 ; en Écosse, de 1 sur 7 (1). »

Nous avons aussi des écoles du dimanche ; mais nous n'en avons pas tenu compte dans nos résultats. Nous n'avons pas eu égard non plus à l'instruction que le gouvernement fait donner aux miliciens ; circonstance qui tend à la populariser de plus en plus. On compte qu'en 1826, les dépenses pour l'instruction primaire se sont élevées à 890353 fl. ; ce qui donne plus de 14 cents par individu dans le royaume. On comptait 285 écoles pour les pauvres, dans lesquelles étaient 56617 élèves, tandis que plus de 90000 autres ont été reçus gratuitement dans les écoles ordinaires.

---

(1) *Du nombre des délits criminels,* par M. Jomard. Voyez aussi les *Tableaux sommaires,* faisant connaître l'état et les besoins de l'instruction primaire, dans le département de la Seine, par le même savant. Paris, chez Louis Colas, 1828.

M. A. Balbi, dans sa *Monarchie française, comparée aux principaux états du globe,* 1828, donne les rapports suivans des écoliers des deux sexes, à la population de différens pays.

	ANNÉE.	ÉCOL. SUR HAB.
Prusse.	1825	7
Pays-Bas.	1826	9,7
États-Unis	»	11 ?
Autriche	»	15 ?
France	1821	17,6
Écosse	»	11
Angleterre.	»	13,6
Irlande.	»	17

Les écoles de filles ne sont pas comprises dans ces rapports.

Les dépenses des écoles des pauvres se sont élevées à 247176 fl. , ce qui donne fl. 4 - 37 par élève.

Les colléges et les écoles latines renfermaient en 1826 plus de 7000 élèves; or, les tables de population nous apprennent que le dixième environ d'une population se compose de jeunes gens de 12 à 18 ans : en supposant donc le nombre des filles sensiblement égal à celui des garçons, on trouvera pour notre royaume plus de 300000 jeunes gens qui, par leur âge, sont en état de fréquenter les colléges; ces établissemens ne sont donc effectivement fréquentés que par la 43e partie de ceux qui pourraient s'y trouver, si leur position sociale le permettait. Quoique l'inégalité de fortune doive toujours écarter des établissemens d'instruction supérieure, un très-grand nombre de jeunes gens, cependant si, comme le gouvernement paraît le désirer, à côté des écoles latines, il se forme de bonnes écoles spéciales pour les industriels, les artistes, les négocians, etc. , on pourra donner utilement des connaissances plus étendues que celles de l'instruction primaire à ceux qui ne se destinent pas à l'une des carrières savantes. Quant à nos universités, elles se peuplent de plus en plus; elles comptaient en 1826, jusqu'à 2752 étudians, qui sont à peu près également partagés entre les provinces du Nord et du Midi.

Il paraît naturel de placer à côté des établissemens d'instruction ceux de bienfaisance; peu de pays en offrent autant que le nôtre. Nos institutions de bienfaisance sont de trois espèces (1). Les premières ont pour but de distribuer des secours; les secondes de diminuer le nombre des pauvres et les troisièmes de prévenir l'indigence; ces dernières comprennent les monts-de-piété et les

---

(1) Voyez les tableaux nos 7 et 8, extraits du *Rapport sur les institutions de bienfaisance du royaume* en 1826, à La Haye, impr. de l'état, in-8o, 1828.

caisses d'épargnes; les autres, au nombre de 6228, ont en 1826 secouru de différentes manières 977616 individus, par des sommes dont le total est évalué à 11049055 florins. Plus du septième de la population a donc eu part dans ces secours pour une valeur moyenne de fl. 11 - 30 par tête. On estime, comme nous l'avons dit plus haut, que plus de 147000 enfans, appartenans à des familles indigentes, ont reçu gratuitement l'instruction; ce nombre est à celui de la population moyenne du royaume, comme 24 est à 1000, et à celui des pauvres secourus à domicile, comme 197 est à 1000, ou environ comme 1 est à 5. Si ces enfans, envoyés aux écoles, appartenaient effectivement tous à des familles indigentes, qui vivent des secours qu'on leur accorde, il faudrait en conclure que la classe indigente participe au bienfait de l'instruction plus qu'aucune autre classe, puisqu'elle enverrait généralement tous ses enfans aux écoles, suivant l'observation que nous avons déjà faite et d'après les résultats déduits des tables de population. Il est assez remarquable qu'en classant les provinces d'après la grandeur du rapport des individus secourus à domicile aux populations respectives, on trouve que les provinces populeuses, et particulièrement celles qui passent pour être les plus riches, sont celles qui comptent le plus d'indigens; la mortalité et la reproduction y ont aussi plus d'activité. Nous avons remarqué avec peine dans le *Rapport sur les institutions de bienfaisance*, pour 1826, que le rapport de la mortalité à la population moyenne des dépôts de mendicité, avait été de 14,74 à 100, ou bien encore comme 100 est à 678; or, en rapprochant les résultats des observations des 12 années qui ont précédé 1822, j'ai trouvé que la valeur moyenne de ce rapport avait été de 100 à 891 (1); la mor-

---

(1) *Recherches sur la population*, etc.

talité est donc loin d'avoir diminué dans les dépôts de mendicité, quoiqu'on fût en droit d'espérer des améliorations d'après les documens de 1821 et 1822, qui avaient donné pour valeur du rapport 100 à 1487 et 1451. Il serait utile de chercher la cause de ce changement défavorable.

Des Crimes et des Délits.

On s'est beaucoup occupé dans ces derniers temps de rechercher si l'état de l'instruction était en rapport avec l'état moral; et l'on est parvenu, en partant des mêmes données, à des résultats fort contradictoires. Il nous semble qu'une première source d'erreurs a été de déduire des rapprochemens de nombres qui n'étaient point comparables. On a voulu établir un parallèle entre la France et l'Angleterre; on a montré que dans le premier de ces deux royaumes, on compte six fois moins d'accusés que dans l'autre, et l'on en a conclu que les lumières n'étaient pas un bien. On n'a point fait attention que ces deux pays étaient régis par des lois différentes, et qu'un grand nombre de délits qui, en France, auraient été rangés parmi les affaires correctionnelles, figuraient en Angleterre, parmi les crimes. Il faudrait pour établir des rapprochemens comparer les nombres des crimes de même nature. Ainsi, depuis le commencement de ce siècle, on n'a compté annuellement en Angleterre, tout au plus que 25 individus convaincus d'avoir répandu le sang de leurs semblables (1), tandis que la France compte annuellement six à sept cents malheureux, accusés de meurtre ou d'assassinat, dont plus de la moitié montent sur l'écha-

_____

(1) *Statistical illustrations*, etc. — La *Revue encyclopédique*, un article de M. Taillandier, mai 1827, pag. 269. — *De la mission de la justice humaine*, E. Ducpétiaux, Bruxelles, 1827.

faud ou vont traîner honteusement leur existence dans les fers (1). Quelle affligeante comparaison pour la France! Cependant, on est loin d'y avoir appliqué la peine de mort aussi souvent qu'en Angleterre. En 1825, on n'a condamné dans le premier royaume, que 134 individus à la peine de mort; et dans le second, pas moins de 1036, dont à la vérité 50 seulement ont été exécutés. Ces exemples prouvent combien il faut user de circonspection dans les rapprochemens qu'on peut faire, et combien on aurait tort aussi de conclure à l'état moral d'un pays, par les peines qui y sont infligées (2).

Les nombres que nous avons pour les Pays-Bas et la France me paraissent rigoureusement comparables, parce qu'ils ont été recueillis de la même manière, et que les deux pays sont encore régis par les mêmes lois, sauf quelques modifications peu nombreuses; la marche de la justice est aussi la même, excepté sous ce rapport que le jury existe en France, et qu'il a été aboli dans les Pays-Bas (3).

---

(1) Ce qui concerne les tribunaux de France est extrait des *Comptes généraux de l'administration de la justice criminelle en France*, pendant les années 1825, 1826 et 1827; Paris, imprimerie royale, in-4°. On peut voir les analises qui en ont été données dans la *Revue encyclopédique*, par M. Taillandier. — Voyez aussi les ouvrages de M. Lucas, de Genève.

(2) Dans l'ouvrage que M. A. Balbi vient de faire paraître sous le titre *La monarchie française comparée aux principaux états du globe*, on trouve :

CONDAMNÉS POUR CRIMES ET DÉLITS.

France   (1825-27) . . . . . 1 sur   1,091 habit.
Angleterre (1825-27) . . . . .   »   1,165

CONDAMNÉS A MORT.

France   (1825-27). . . . . . 1 sur   244,275 habit.
Suède   (1823) . . . .   »   285,182

(3) Voyez pour notre royaume les tableaux 9, 10, 11 et 12, extraits des papiers du ministère de la justice.

Pendant l'année 1826, une population moyenne de 4383 habitans produisait dans les Pays-Bas 1 accusé aux cours d'assises; et l'on comptait en France, à la même époque, 1 accusé par 4151 habitans, et 1 par 4202 en 1825 (1). Les crimes étaient donc un peu moins nombreux dans notre royaume.

Pour comparer jusqu'à certain point l'état moral des deux pays (2), ce que nous aurons de mieux à faire, sera d'établir une première distinction entre les crimes contre les personnes et les crimes contre les propriétés, qui, bien que condamnables, doivent inspirer plus de compassion, parce qu'étant souvent le résultat du besoin, ils supposent moins de dépravation dans celui qui les commet. Or, en 1826, pour 100 accusés, on comptait dans les Pays-Bas, 22 accusés de crimes contre les personnes, et 28 en France; on en a compté aussi 28 en 1827 et 29 en 1825. Cette distinction est donc entièrement à notre avantage, et elle deviendra plus sensible en faisant l'énumération des crimes.

Si nous examinons d'abord les grands crimes, c'est-à-dire, ceux qui entraînent la peine capitale, tels que le meurtre, l'assassinat, l'empoisonnement, le vol sur chemin public, etc.; nous trouverons qu'ils sont dans le rapport de 1 à 16; or, comme les populations ne sont que dans le rapport de 1 à 5, il en résulte que *les grands crimes ont été trois fois aussi nombreux en France que dans les Pays-Bas.* Et il est à remarquer que pour l'année dont nous comparons les résultats, nous n'avons pas été affligés des crimes de parricide ni d'empoisonnement, pendant qu'en France on comptait 14 par-

---

(1) On a tenu compte des accusés jugés par contumace.

(2) Nous disons *jusqu'à certain point*, car l'état moral d'un peuple ne doit pas se déduire seulement du nombre des crimes que punissent les lois; il dépend encore d'un grand nombre d'autres élémens.

ricides et 26 empoisonnemens. Les crimes capitaux étaient partagés de la manière suivante :

	PAYS-BAS.	FRANCE.	
	(1826)	(1826)	(1825)
Crimes capit. contre les person.	39	873	831
» » les propriétés.	31	276	268

Ainsi, les grands crimes contre les personnes ont été quatre fois aussi nombreux en France que dans notre pays; tandis que ceux contre les propriétés, également plus nombreux, ne sont cependant pas en nombre double.

Les crimes contre les proches, parmi lesquels nous comprenons le parricide, les coups envers les ascendans, l'infanticide et l'avortement, sont dans le rapport de 1 à 11; conséquemment, une fois plus nombreux en France, en ayant égard à la population. L'effrayante régularité avec laquelle les mêmes crimes se reproduisent, n'est certainement pas ce qu'il y a de moins remarquable dans ces rapprochemens. Ainsi, les crimes contre les proches ont été en France, pendant les années 1826 et 1825, au nombre de 250 et 244; les crimes de faux, au nombre de 613 et 610; les vols de différentes espèces, au nombre de 4841 et 4489. Les rapports pour les faux étaient dans les deux royaumes, de 1 à 7, et pour les vols, de 1 à 5 à peu près. En ayant égard à la population, le crime de faux a donc été moins commun dans les Pays-Bas qu'en France; et les vols sont à peu près en même nombre (1).

Après avoir examiné les crimes, il devient intéressant de rechercher quelle a été la *répression*. En 1826, nos tribunaux criminels

_____

(1) Les documens de France pour 1827, que nous avons reçus en commençant l'impression de ce Mémoire, donnent à peu près les mêmes nombres.

ont condamné 84 individus par 100 accusés (1); les tribunaux français 65; et les tribunaux anglais 65 également, pendant les 20 années qui viennent de s'écouler. Ainsi, *sur 100 accusés, 16 seulement ont été acquittés chez nous*, et *35 en France comme en Angleterre*. Ces deux derniers pays, si différens par les mœurs et les lois, prononcent cependant de la même manière sur le sort des malheureux qu'on soumet à leurs jugemens; tandis que notre royaume, si semblable à la France par ses institutions, acquitte une fois moins d'accusés. Doit-on chercher la cause de cette différence dans l'absence du jury qui existe chez nos voisins? nous le croyons.

Examinons en effet, ce qui se passe devant les tribunaux correctionnels, où des juges prononcent comme dans nos tribunaux; nous trouverons en France la même sévérité que chez nous : sur 100 accusés, 16 seulement sont acquittés; examinons les tribunaux de simple police, même sévérité : sur 100 accusés, 14 seulement sont acquittés. Ce qui précède nous porterait donc à conclure *que quand 100 accusés paraissent devant les tribunaux, soit criminels, soit correctionnels, soit de simple police, 16 seront acquittés s'ils ont affaire à des juges, et 35 s'ils ont affaire à un jury*. Sans chercher si ces résultats prouvent pour ou contre le jury, nous les abandonnons aux méditations des législateurs et des amis de l'humanité.

Nous aurions désiré de pouvoir examiner si dans notre pays, où la sévérité déployée contre les accusés criminels est plus grande, le cas de récidive se reproduit plus fréquemment qu'en France. Malheureusement les nombres que nous avons ne sont pas compara-

---

(1) Du reste, ce rapport ne doit pas être considéré comme déterminé rigoureusement. Pour prononcer avec assurance, il faudrait avoir une plus longue série d'observations; en faisant cette remarque, nous sommes cependant loin de croire que le véritable rapport s'éloigne beaucoup de celui que nous donnons.

bles. Le nombre des récidives pour la France, n'est indiqué que pour les cours d'assises, et pour notre royaume il s'étend aux tribunaux correctionnels. En 1826, nous comptions 31554 accusés devant les tribunaux correctionnels et criminels, et le cas de récidive s'est répété 416 fois; il y avait donc 13 récidives par 1000 accusés. En France, il y avait 100 récidives par 1000 accusés devant les cours d'assises, où l'on doit effectivement s'attendre à voir le cas de récidive se reproduire plus fréquemment.

Il est remarquable qu'en France comme dans ce pays, la répression soit moins forte pour les crimes contre les personnes que pour les crimes contre les propriétés, quoique ces derniers doivent plus naturellement porter vers la compassion. En 1826, le royaume des Pays-Bas avait acquitté 24 individus sur 100 accusés de crimes contre les personnes, et la France 49, exactement comme l'année précédente; tandis que le premier royaume n'avait acquitté que 12 individus sur 100 accusés de crimes contre les propriétés, et la France 34 et 31. *Le jury et les juges s'accordent donc sur ce point, qu'ils acquittent beaucoup plus facilement les accusés de crimes contre les personnes;* sans doute, pour tempérer la sévérité des lois qui, souvent, restent sans effet par un excès de rigueur.

La répression est à peu près exactement la même pour les hommes et pour les femmes. En 1826 cependant, on n'a condamné en France que 60 femmes sur 100 accusées devant les cours d'assises; mais devant les tribunaux correctionnels, la répression a été comme pour les hommes, et les résultats sont déduits de plus de 159000 observations. La répression est un élément qui varie assez peu, tout arbitraire qu'il semble devoir être; néanmoins, pendant les 20 années qui viennent de s'écouler, la sévérité déployée contre les accusés a sensiblement augmenté en Angleterre, en même temps que le nombre des crimes. En procédant de 5 en 5 ans depuis 1807, le calcul montre que sur 100 accusés, on en condamnait 59, 62, 65, 67;

et ces moyennes représentent assez fidèlement les nombres fournis par les années prises isolément.

Le nombre des femmes qui paraissent devant les tribunaux,
est beaucoup moindre que celui des hommes. Dans les années 1826
et 1825, pour 100 femmes accusées, on comptait en France 448
hommes, et en Angleterre 467. Ce rapport semble subir des variations par les événemens politiques, indépendamment de celles
produites par la différence de mœurs des différens pays. L'Angleterre nous donne à cet égard des résultats très-curieux : de 1807
à 1813, le rapport des femmes aux hommes, a été à peu près
constamment de 100 à 260; de 1813 à 1815, il était de 100 à 320;
puis après les événemens de 1815, il devient tout à coup de 100
à 530, et il se soutient à peu près invariablement à cette valeur
jusqu'en 1825. L'année 1815 est, pour l'Angleterre, une époque
mémorable dans les annales du crime; elle a produit un nombre
d'accusés double de celui qu'on avait antérieurement, et le mal
s'est soutenu avec une constance effrayante : il a même augmenté
au point qu'en 1825, comparativement à 1807, le nombre des femmes criminelles a doublé, et le nombre des hommes a quadruplé.
Dans les recherches que j'ai publiées sur les prisons en Belgique,
d'après les documens qui m'avaient été obligeamment communiqués
par M. le baron de Keverberg, j'ai trouvé qu'en 1825 on comptait dans les prisons du royaume, 314 hommes pour 100 femmes,
c'est-à-dire, à peu près le rapport que fournissait l'Angleterre avant
1815 (1).

Le compte général de l'administration de la justice en France, pour
1826, contient une distinction très-importante des âges et des
sexes. Il résulte de cet état que les crimes des femmes consistent

_____

(1) *Recherches sur la population*, etc.

surtout d'une part dans l'assassinat, l'avortement, l'infanticide, les incendies d'édifices et le vol; et d'une autre part, dans le faux témoignage, les faux, les banqueroutes frauduleuses, l'empoisonnement et les autres crimes, où la ruse vient au secours de la faiblesse. La femme, plus précoce que l'homme, paraît entrer un peu plus tôt dans la carrière du crime. *C'est vers l'âge de 25 ans que l'homme semble être le plus criminel;* c'est alors que les passions sont dans toute leur activité, et que les forces ont pris leur développement; à mesure que les passions se calment et font place à la raison, les crimes diminuent. C'est dans l'âge orageux des passions que se commettent le parricide, le meurtre, la rébellion, les attentats à la pudeur; on voit se produire ensuite l'assassinat, l'empoisonnement, les concussions, les faux de toute espèce, qui semblent caractériser l'homme mûr ainsi que la vieillesse. Quant au vol, il paraît être de tout âge; on serait tenté de le croire inhérent à la faiblesse humaine, qui le commet comme par instinct.

Qu'on jette les yeux sur le tableau suivant, qui indique, d'après les documens de France en 1826 et 1827, les nombres des crimes qui se commettent aux différens âges; il pourra donner lieu à d'importantes réflexions. La dernière colonne indique combien sur un même nombre d'individus, de l'âge désigné dans la première colonne, il se trouve de criminels. Il a fallu, dans le calcul, chercher au moyen des tables de mortalité, comment la population française est divisée par âges, et tenir compte de ces nombres. Une table semblable pourrait indiquer le penchant au crime aux différens âges de la vie, du moins pour la France, considérée dans son état actuel (1); car, comme nous avons eu occasion de le voir et comme

(1) Nous ignorons si une table semblable à celle que nous présentons ici, a déjà été construite : il serait à désirer qu'on pût en avoir de pareilles pour les principaux pays, afin de

nous le verrons encore, de grandes secousses politiques, des changemens dans les lois, le développement de l'instruction et d'autres
circonstances, doivent introduire dans une pareille table des modifications très-sensibles, puisqu'ils en produisent même dans les
tables de mortalité.

INDIVIDUS AGÉS DE	CRIMES CONTRE les pers.	les prop.	CRIMES CONTRE les prop. sur 100 cr.	DEGRÉS DU PENCHANT au crime aux diff. âges.
MOINS DE 16 ANS.	50	210	81	40
16 à 21	452	1671	79	1197
21 à 25	681	1575	70	1676
25 à 30	775	1820	70	1640
30 à 35	566	1328	70	1295
35 à 40	338	969	74	972
40 à 45	289	867	75	945
45 à 50	234	615	73	773
50 à 55	146	394	72	560
55 à 60	88	255	74	418
60 à 65	92	195	67	434
65 à 70	54	88	62	287
70 à 80	31	59	65	170
80 et au-dessus	2	3	60	45
Age inconnu	20	44	70	

constater si elles suivent une marche aussi régulière que les tables de mortalité. On nous accu-
sera peut-être de voir trop matériellement les choses, et de croire à une espèce de fatalisme;
nous répondrons qu'avec la meilleure idée de la perfectibilité de l'espèce humaine, nous pensons
cependant qu'un ordre de choses quel qu'il soit, quand il s'est reproduit avec constance, et toujours de la même manière, ne change pas brusquement et sans cause; que pour le moment
nous remplissons le rôle d'observateur; et que nous nous bornons à appliquer aux choses hu-
maines, les mêmes principes d'observation qu'aux autres événemens naturels.

Ainsi, *de 21 à 25 ans, on serait deux fois aussi criminel que de 35 à 45; trois fois aussi criminel que de 50 à 55; quatre fois autant que de 55 à 65; cinq fois autant que de 65 à 70. La carrière du crime paraît s'ouvrir vers 15 ans, et ne se ferme qu'aux portes du tombeau.*

En établissant une distinction des sexes, on peut encore écrire les nombres sous cette forme :

AGES.	PAYS-BAS (1826).	FRANCE (en 1826 exact. comme en 1827.)	
	HOMMES ET FEMMES.	FEMMES.	HOMMES.
De moins de 16 ans.	4	3	2
De 16 à 21 ans.	12	13	15
Au-dessus de 21 ans.	84	84	83
	100	100	100

Les nombres de la France ne concernent que les cours d'assises, ceux des Pays-Bas ont aussi rapport aux tribunaux correctionnels. Voici la distinction relative à ces derniers tribunaux pour la France :

AGES.	1826.		1827.	
	FEMMES.	HOMMES.	FEMMES.	HOMMES.
Moins de 16 ans.	6	5	6	5
De 16 à 21 ans.	15	13	17	14
Au-dessus de 21 ans.	79	82	77	81
	100	100	100	100

Ces nombres font voir que les affaires correctionnelles sont dans les premiers âges, toutes choses égales, plus fréquentes que les affaires criminelles; elles sont les premiers degrés du crime, conséquemment ceux qu'on franchit le plus facilement.

*Les affaires correctionnelles sont, en France comme en Belgique,
vingt fois plus nombreuses que les affaires criminelles.* En 1826, on
comptait dans notre royaume 1 prévenu sur 200 habitans, et en
France, 1 sur 198. Il est remarquable qu'en réunissant les nombres d'accusés devant les tribunaux criminels, correctionnels et de
simple police, nous trouvions à peu près exactement les mêmes
résultats. On compte dans les Pays-Bas 1 accusé sur 117 habitans,
et en France, 1 sur 102; et il se trouve qu'on a condamné, la même
année dans les deux pays, 1 individu sur 122 habitans.

Ce qui frappe le plus au milieu de tous ces résultats, c'est l'effrayante exactitude avec laquelle les crimes se reproduisent : ainsi
la France, en 1827-26 et 25, a jugé en tout 7774, 7591 et 7816
accusés criminels; 171146, 159740 et 141733 prévenus correctionnels; elle a compté 88833, 100551 et 101155 jugemens rendus
par les tribunaux de simple police; elle a condamné, en ayant égard
aux jugemens par contumace, 151, 197 et 176 malheureux à la
peine de mort; elle en a envoyé 385, 353 et 351 autres, aux travaux forcés à perpétuité; 1281, 1373 et 1271 aux travaux forcés
à temps; 1433, 1427 et 1370 à la réclusion; 1463, 1495 et 1359
à l'emprisonnement, etc. Ainsi l'on passe d'une année à l'autre,
avec la triste perspective de voir les mêmes crimes se reproduire
dans le même ordre et attirer les mêmes peines dans les mêmes
proportions. Triste condition de l'espèce humaine ! La part des
prisons, des fers et de l'échafaud, semble fixée pour elle avec autant
de probabilité que les revenus de l'état. Nous pouvons énumérer
d'avance combien d'individus souilleront leurs mains du sang de
leurs semblables, combien seront faussaires, combien empoison-
neurs, à peu près comme on peut énumérer d'avance les naissances
et les décès qui doivent avoir lieu. Gardons-nous cependant de
croire, s'il n'est pas en notre pouvoir d'arrêter brusquement le
mal, qu'il soit impossible d'y remédier entièrement. La justice de

prévention peut être surtout d'un puissant secours, d'un secours plus efficace peut-être que la justice de répression, qui est comme une faible digue pour arrêter le torrent toujours prêt à déborder, c'est à la source qu'il faut remonter pour donner au cours une dérivation utile; en se plaçant trop bas, à l'abri de la digue, on doit s'attendre à voir se reproduire régulièrement les mêmes effets, sans cesse renaissans, qui n'éprouvent d'autres modifications que celles qu'y apportent les orages. Vouloir que le torrent régularise lui-même sa marche par ce seul motif qu'on lui a donné une digue, ou qu'il s'établisse subitement un nouvel ordre de choses, en laissant subsister les mêmes causes, c'est attendre un prodige qui ne se réalisera pas.

C'est de la justice de prévention, avons-nous dit, qu'on a le plus à attendre (1). Pour n'en prendre qu'un exemple frappant, jetons les yeux sur les tableaux dressés pour l'Angleterre (2); nous verrons que le nombre des malheureux, accusés pour faux billets de banque, qui s'était élevé jusqu'en 1821, à 180 environ, disparaît brusquement. Or, si l'on songe que ce crime entraîne la peine de mort, et que c'est à quelques nouvelles mesures prises par la banque et à un perfectionnement dans le papier que l'on doit que 180 infortunés ne vont plus finir leurs jours sur un échafaud ou dans les fers, on sera frappé de douleur et de regret, de ce qu'on n'ait pas cherché plus tôt à arrêter le mal dans sa source.

Un autre exemple de la constance avec laquelle se reproduisent les résultats qui sont sous l'influence des mêmes causes, c'est le

---

(1) Voyez deux ouvrages récemment publiés par M. Ducpétiaux, sous ce titre : *De la justice de prévoyance* et *De la mission de la justice humaine*, in-8°, chez Tarlier, 1827.

(2) *Statistical illustrations*, etc.

rapport qui existe entre le nombre des affaires et celui des accusés qui y sont impliqués. Ce rapport a été deux fois de suite de 100 à 144 pour la France, et il a été de 100 à 141 pour ce pays. Les rapports sont encore à peu près les mêmes devant les tribunaux correctionnels et les tribunaux de simple police ; de sorte que l'esprit d'association domine à peu près de la même manière pour les délits et pour les crimes.

Si l'on considère la marche de la justice, on trouve que les chambres du conseil, procèdent en France absolument comme dans les Pays-Bas, et que sur 100 ordonnances, 81 sont rendues dans le premier mois. Les tribunaux de police correctionnelle et les cours d'appel, procèdent chez nous avec plus de lenteur ; il en est de même pour ce qui concerne l'exécution des jugemens.

Sur les 7591 accusés que présentait la France en 1826, 603 étaient parvenus à se soustraire à la justice, sur lesquels 562 ont été condamnés ; la répression a donc été de 93 sur 100, et en 1827, de 97 sur 100. On comptait aussi 268 individus qui, après avoir été condamnés par contumace, ont été repris et jugés contradictoirement ; sur ce nombre, 131 seulement ont été condamnés, ce qui fait que la répression a été pour eux de 49 sur 100, et en 1827 de 45 sur 100. *Ainsi, sur 100 contumaces, 5 seulement ont été acquittés, et 53 quand après avoir été repris, ils ont été soumis à un nouveau jugement.* Le nombre des contumaces était au nombre des accusés, comme 1 est à 12 ; en d'autres termes, le douzième des accusés était fugitif. Le plus grand nombre des contumaces se compose d'individus qui se sont rendus coupables de rébellion, de meurtre, d'assassinat, de vol, de banqueroute frauduleuse. Il est à remarquer que les individus qui se sont rendus coupables d'infanticide, de coups envers les ascendans, figurent en très-petit nombre parmi les contumaces ; on n'y trouve aucun des 14 parricides qui ont désolé la France en 1826 ; ce qui semble montrer que ces crimes commis dans une espèce de délire, ne laissent pas le sang-froid nécessaire pour songer à la fuite.

Les criminels ne sont pas seulement un fléau pour la société ; ils sont encore une charge pour l'état. La France ne paie pas moins de 11000000 de francs pour l'entretien de ses détenus, ce qui fait une dépense annuelle de 275 francs pour chacun d'eux (1). Les Pays-Bas, en 1821, payaient au delà de 1200000 florins, ou 2500000 francs (2); c'est plus que la France eu égard à la population. Pour faire face à cette dépense, chaque particulier peut être considéré comme payant, terme moyen, 33 centimes en France et 41 dans les Pays-Bas.

Examen comparatif des différentes parties du Royaume.

Pour rendre moins incomplète l'esquisse que nous venons de tracer du royaume des Pays-Bas, comparativement aux royaumes voisins, il ne sera peut-être pas sans intérêt de jeter un dernier coup d'œil sur son état physique et moral. Nous n'opposerons pas une province à l'autre; pour le faire avec quelque succès, nous aurions à considérer les observations d'un trop grand nombre d'années, observations qui nous manquent généralement encore. Nous considèrerons le royaume comme sous-divisé en trois parties principales, ressortant de leurs cours de justice respectives, qui serviront à les désigner. Ainsi, la cour de Liége comprendra les provinces de Liége, Namur, Limbourg et Luxembourg; la cour de Bruxelles comprendra les provinces du Brabant méridional,

---

(1) *De la colonisation des condamnés*, etc., pag. 48, par M. Benoiston de Châteauneuf, Paris, chez Martinet, 1827.

(2) *Recherches sur la population*, etc, pag. 58.

du Hainaut, d'Anvers, et des deux Flandres : la cour de La Haye comprendra les dix autres provinces du royaume.

Afin de ne pas donner prise au préjugé, et de faire parler autant que possible les nombres par eux-mêmes, nous les avons réduits en tableaux, et groupés de manière à rendre les conclusions qu'on peut en déduire plus faciles à reconnaître (1).

	SUPERFICIE.	TERRES cultivées.	TERRES incultes.	TERRAINS bâtis.	CANAUX et chemins.
Cour de La Haye.	2860888	1931376	789322	8062	132128
— de Liége.	1753578	1289913	406979	4783	51903
— de Bruxelles.	1583671	1432347	87462	12886	50976
Le Royaume.	6198137	4653636	1283763	25731	235007

Les provinces du Nord sont le mieux partagées sous le rapport des communications; mais ce sont aussi celles qui présentent le plus de terres incultes. Les cinq provinces qui ressortent de la cour de Bruxelles, ont peu de terres improductives; et elles renferment autant de terrains bâtis que le reste du pays : ceci tient particulièrement à la grandeur de leur population, comme le montre le tableau suivant :

	POPULATION moyenne de 1826.	HABITANS par 100 hect.	HABITANS POUR			ENFANS par 100 mar.
			1 nais.	1 déc.	1 mar.	
Cour de La Haye.	2289000	80	27	38	125	46
— de Liége.	1150900	66	30	44	137	46
— de Bruxelles.	2648400	167	29	40	138	48
Le Royaume.	6088300	98	28	40	132	47

(1) Pour les documens relatifs aux provinces, on pourra consulter les ouvrages suivans : *Statistieke beschrijving van Gelderland, enz.*, in-8°, 1826. *Staat van den landbouw en der land-*

Si les élémens de la population ne sont pas fautifs, nous trouvons que les provinces septentrionales sont dans le cas défavorable dont nous avons déjà parlé; c'est-à-dire, qu'elles reproduisent rapidement et conservent mal leurs habitans (1). Le contraire arrive pour les provinces qui dépendent de la cour de Liége; les générations s'y succèdent moins vite et produisent plus d'hommes utiles à l'état. Il est assez remarquable, d'après les observations de dix ans, que la mortalité soit à peu près en raison du nombre des naissances : ainsi la Zélande produit incomparablement plus d'enfans, qu'aucune province des Pays-Bas; elle compte aussi incomparablement plus de décès, toutes choses égales. Il en est de même des deux Hollandes. Namur a eu le moins de décès; cette province se range aussi parmi celles qui ont le moins de naissances. Nous ne chercherons pas les causes physiques de cette relation; parce que nous sommes très-disposés à croire qu'elle tient à une évaluation erronée de la population, qui est trop faible surtout pour les provinces septentrionales. Si l'on suppose la population un peu plus forte, les rapports aux naissances, aux décès et aux mariages, deviendront à peu près les mêmes que pour Bruxelles; et si on la suppose plus forte encore, les rapports s'accorderont avec ceux de Liége. Nous pensons en conséquence, que c'est dans l'évaluation fautive de la population, qu'il faut plus particulièrement rechercher la cause des différences que

---

huishouding, enz., in de provincie Groningen, in-8°, 1821, par les commissions d'agriculture de ces provinces. *Recherches sur la statistique de la province de Liége*, 2 vol. in-8°, par M. Courtois. *La statistique de la Flandre*, par M. Vandebogaerde. L'*Annuaire du département de Jemmappe*, in-12, par M. Doncker. L'*Annuaire du département de la Dyle*, par M. Jouy, etc.

(1) Lettre à M. Villermé, par A. Quetelet, chez Houdin, Gand, 1826. — *Notice sur l'intensité de la fécondité*, par M. Benoiston de Châteauneuf. — *De la proportion des naissances*, etc., dans le royaume des Pays-Bas. (Ces deux notices se trouvent dans les *Annales des sciences naturelles*, qui s'impriment à Paris.)

présentent les résultats obtenus plus haut. Tant que cette évaluation ne sera pas faite avec plus de précision, la plupart des recherches statistiques crouleront par la base; elle sera toujours un
obstacle au succès des mesures financières le plus sagement com-
binées dans l'intérêt général.

Faisons succéder à ce premier aperçu de l'état physique du
royaume, ce qui concerne son état financier.

| | TOTAL des IMPÔTS. | IMPÔTS | | IMPÔT | | REVENUS provinciaux. |
		par tête.	par hect.	foncier.	personnel.	
Cour de La Haye.	36681670	16,02	12,90	8601756	3742324	1098036
— de Liége.	8635190	7,50	4,98	1805145	665257	418604
— de Bruxelles.	30243271	11,42	19,09	5987953	2817350	1056284
Le Royaume.	75560131 (*)	12,41	12,19	16394854	7224931	2572924

Nous nous abstiendrons de faire des réflexions qui naissent
d'elles-mêmes à la seule inspection de ce tableau, et qui ressor-
tiront mieux encore par le tableau suivant :

| | PRODUITS DES | | TIMBRE D'EFFETS de COMMERCE. | PRODUITS DES | | |
	patentes.	accises.		postes.	barrières.	journaux.
Cour de La Haye.	1322815	9730115	121719	1175581	111042	83339
— de Liége.	295767	3064939	12935	191880	201525	12571
— de Bruxelles.	872194	9643935	64400	617015	755934	49829
Le Royaume.	2490776	22438989	199054	1984476	1068501	145739

(*) Cette valeur est un peu moindre que celle donnée plus haut; cela provient de ce que nous
ne savions sur quelle province transporter les revenus de l'administration générale. Du reste, on
pourra juger des rapports qui sont ici la chose essentielle. Les nombres sont tirés de l'*État général des comptes rendus au Roi*, relativement aux budgets généraux des recettes et dépenses
pour 1826.

Les provinces de la Flandre, d'Anvers, du Hainaut et du Brabant méridional, paient environ les deux tiers de ce que paient les dix provinces du Nord pour l'impôt foncier, l'impôt personnel, les patentes, le timbre des effets de commerce, les postes et journaux; les premières paient autant que les secondes pour les accises, et sept fois autant qu'elles pour les barrières. Les nombres cités d'abord, sont en rapport avec la superficie des terres cultivées. Du reste, en considérant les revenus en total, on trouve que les provinces qui dépendent de la cour de Bruxelles rapportent, en raison de leur superficie, beaucoup plus au trésor que les provinces septentrionales; elles rapportent au contraire moins, si l'on considère les populations : il est assez remarquable que ces revenus sont dans le rapport de 2 à 3 dans le dernier cas, comme l'impôt foncier, les produits des timbres de commerce, des postes, etc.; et ces mêmes nombres sont dans le rapport inverse de 3 à 2, quand on compte par hectares. Quant aux provinces qui dépendent de la cour de Liége, elles rapportent au trésor incomparablement moins que les autres, lorsqu'on les considère sous le rapport de la population ou de l'étendue.

Occupons-nous maintenant de quelques élémens qui peuvent faire apprécier l'état moral.

	HABITANS pour 1 élève.	DÉPENSES pour l'inst. prim.	SECOURS A DOMICILE		CRIMES cont. les pers. sur 100 cr.	HABIT. POUR 1 ACCUSÉ			CONDAMNÉS SUR 100 ACC.		
			indiv.	dépenses.		crim.	corr.	simp. p.	crim. corr.	crim. corr.	sim. p.
Cour de La Haye.	8	567412	227501	3357509	17	3654	295	801	84	81	87
— de Liége.	11	97078	128683	365409	23	4720	110	137	81	79	87
— de Bruxelles.	10,5	226483	389468	1725824	27	5193	201	309	86	74	84
Le Royaume.	9,4	890373	745652	5448739	22	4329	200	308	84	78	86

Pour s'expliquer les différences qui existent entre ces nombres, on pourra recourir au tableau suivant :

	ACCUSÉS CRIMINELS.				ACCUSÉS CORRECTIONNELS.			
	MEURTRE, ASSASSINAT, coups et blessures.	FAUX.	VOL.	OUTRAGES à la pudeur.	COUPS et blessures.	VOL, simple.	VAGABON., mendicité.	DÉLITS RUR. contrav.
Cour de La Haye.	51	30	504	10	1852	754	214	202
— de Liége.	42	14	166	1	1818	397	471	3882
— de Bruxelles.	88	42	291	14	3680	1397	599	1992
Le Royaume.	181	86	958	25	7350	2548	1284	6076

Si l'on a égard à l'inégalité de population, on trouve que les meurtres, les assassinats, les coups et blessures, sont plus nombreux dans les provinces méridionales, où l'instruction est généralement moins répandue, et où les passions sont plus vives. Les vols, et particulièrement les vols domestiques, ont été au contraire plus nombreux dans la partie septentrionale du royaume, surtout dans les deux Hollandes; cependant les simples vols jugés devant les tribunaux correctionnels, ont été en plus grand nombre dans les provinces qui ressortent de la cour de Bruxelles; le vol s'est donc fait particulièrement remarquer dans les provinces riches, où l'inégalité de fortune est plus prononcée, et où le luxe, ce fléau des familles, fait le plus ressentir son empire.

En ne faisant aucune distinction de crimes, on trouve que, devant la cour d'assises de La Haye, ont paru le plus d'accusés, et le moins devant la cour de Bruxelles; mais les provinces du Nord ont eu moins d'affaires en simple police et en police correctionnelle, ce qui tient à ce que les délits ruraux, les contraventions aux règlemens sur les eaux et forêts, le vagabondage, la mendicité et les coups et blessures, y ont été beaucoup moins nombreux. On observera que les provinces qui ont présenté le plus de crimes, eu égard à la population, sont aussi celles qui ont présenté le plus de décès, de naissances, de mariages, ce qui peut encore venir à l'appui de l'observation que nous avons faite, que l'estimation de la population est très-probablement trop faible.

Le vagabondage et la mendicité ont été plus communs dans les provinces industrielles du royaume; les deux Flandres, Liége, le Limbourg et le Brabant méridional, ont fourni les deux tiers des délits de ce genre. Namur se distingue par ses accusations en diffamations et injures; à elle seule, cette province a fourni plus du tiers des accusations de cette espèce qui ont eu lieu dans le royaume, et presque tous les accusés ont été absous; ce qui semblerait indiquer une extrême susceptibilité dans ses habitans. Cette province mérite du reste d'être distinguée sous le rapport moral, et elle pourrait être citée avec le Hainaut, le Luxembourg et la Frise parmi celles qui ont produit le moins de crimes.

De toutes les provinces, le Brabant méridional est celle qui occupe le plus les huissiers, qui produit le plus d'actes civils, qui paie le plus au greffe pour la rédaction et la déposition des témoins; elle produit aussi une énorme quantité d'affiches, mais le cède pourtant sur ce point à la Hollande septentrionale (1). Les affiches semblent être des prérogatives des grandes villes, et Amsterdam méritait naturellement la prééminence. Le Brabant et le Hainaut rapportent le plus aux hypothèques; les deux Hollandes produisent le plus pour le timbre des effets de commerce, les droits de succession et les amendes.

Dans l'esquisse rapide que j'ai essayé de tracer du royaume des Pays-Bas, je me suis attaché à ne présenter autant que possible que des nombres, et à les rapprocher de manière à faciliter les conclusions qu'on peut en déduire, j'ai dû m'abstenir d'entrer dans des discussions sur des points souvent étrangers à mes connaissances. Un travail, tel que le mien, n'exigeait pour qualités essentielles que de l'exactitude et de la bonne foi : je n'ai rien négligé pour atteindre à la première de ces qualités; quant à la seconde, je puis affirmer qu'elle a constamment présidé à la composition de cet écrit. Je n'ai point écouté le zèle indiscret d'un citoyen qui cherche à faire valoir sa patrie; j'ai voulu faire parler les faits et réunir tous les documens, ceux qui sont favorables comme ceux qui pourraient le paraître moins.

---

(1) *Compte rendu au Roi*, 1826.

FIN.

NOTES.

———•———

Déjà la route à suivre a été tracée par des hommes habiles, etc. , page 4.

Il vient de paraître un extrait des cours publics donnés par M. le docteur Villermé, à l'Athénée royal de Paris, sur *Les lois et l'hygiène de la population* (1). On y trouve une définition de la statistique qui rentre entièrement dans les idées que j'ai énoncées au commencement de mon Mémoire; je me fais un plaisir de la citer ici, parce qu'il s'agit d'une science nouvelle, sur les limites de laquelle on est bien loin de s'entendre. « La statistique est l'exposé » des faits, de la situation, ou comme l'a dit Achenwall (2), de tout ce qu'on » trouve d'effectif dans une société politique, dans un pays, dans un lieu » quelconque. Mais on est convenu que cet exposé, dégagé d'explications, de » vues théoriques, de tout système, et consistant pour ainsi dire dans un in- » ventaire, doit être rédigé de telle façon que l'on compare aisément tous » les résultats, qu'on les rapproche facilement les uns des autres, qu'on aper- » çoive leur dépendance mutuelle, et que les effets généraux des institutions, » le bonheur ou le malheur des habitans, leur prospérité ou leur misère, la » force ou la faiblesse du peuple, puissent s'en déduire » ; ..... et plus loin, « Aucune théorie, aucune idée préconçue ne doit présider à son étude. Celui » qui s'en occupe, doit se proposer d'abord de rechercher les faits, de les

---

(1) Voyez le *Journal des cours publics de la ville de Paris*, chez Pihan de la Forest, rue des Bons Enfans, nº 34.

(2) Célèbre professeur à l'Université de Gœtingue, qui, le premier, en 1749, a employé le mot *statistique*. (Note de l'auteur.)

» constater, de les présenter nus, comptés, mesurés; puis de rassembler, de
» réunir tous ceux qui sont analogues ou de même ordre, de les comparer avec
» ceux d'un autre ordre; d'établir les rapports de fréquence, de nombre,
» de dépendance, que ceux-là ont avec ceux-ci; de montrer les lois qui les
» lient les uns aux autres; de ramener, autant qu'il est possible, l'immense
» quantité de faits ou phénomènes particuliers à un petit nombre de phé-
» nomènes ou de faits généraux qui les expriment tous, qui en soient comme
» les principes; en un mot, de les exposer de telle manière qu'il en découle
» le plus de conclusions, et surtout les conclusions les plus importantes re-
» lativement à l'homme. » On pourra consulter sur le même sujet un article
que M. J. B. Say a inséré dans la *Revue encyclopédique* (septembre 1827), sous
ce titre : *De l'objet et de l'utilité des statistiques;* les discours d'introduction aux
Recherches statistiques sur Paris; le *Plan sommaire d'un traité de géographie
et de statistique*, etc., par le baron de Férussac (1), etc.

*Nous ne craignons pas de dire que l'estimation de la population aurait dû
être portée à 6000000 au moins.* Page 10.

Le désir de vérifier, par le plus de moyens possibles, mes conjectures
sur la valeur de notre population, m'a fait recourir pendant l'impression du
Mémoire précédent, à un élément que j'avais négligé d'employer jusqu'alors;
cet élément est le relevé des inscriptions pour la milice, que l'on doit s'attendre à avoir avec d'autant plus de rigueur, que les lois sont plus sévères
à l'égard de ceux qui négligent de se faire inscrire. On me pardonnera sans
doute, de revenir ainsi à différentes reprises sur l'estimation d'une même
quantité, si l'on songe à son importance.

---

(1) In-4°, à Paris, chez Anselin et Pochard, 1821. Voyez aussi le *Bulletin pour les sciences géographiques*, *l'économie politique*, etc.

Les inscriptions pour la milice nationale ont produit les nombres suivans :

1ᵉʳ janvier 1819	67493 (1)
— 1820	58421
— 1821	63751
— 1822	60395
— 1823	58829
— 1824	61021
— 1825	59406
— 1826	60565
— 1827	58358
— 1828	58634
Moyenne.	60687

On a donc compté annuellement dans notre royaume, terme moyen, 60687 jeunes gens qui étaient dans leur 19ᵉ année. Or, en faisant usage des tables de population que j'ai données, et dans lesquelles j'ai établi la distinction des sexes, on trouve qu'il faut compter, pour une population moyenne de 434686 âmes, 3822 jeunes gens de 19 ans ; on voit donc par une simple proportion, que notre population devrait comprendre au delà de 6900000 âmes. D'après les tables de France, on obtient exactement le même résultat ; notre estimation est donc loin d'être exagérée.

On pourra m'objecter que notre population n'est point stationnaire comme le supposent les tables de mortalité ; je sens toute la force de cette objection, à laquelle j'avais cru d'abord pouvoir répondre en observant que les individus que j'ai considérés sont nés et ont passé les années les plus critiques de leur enfance, dans un temps où la population était stationnaire, et que si la popu-

---

(1) Ces nombres annoncent une population qui a été stationnaire, peut-être même décroissante. Les petites inégalités qu'ils présentent s'expliquent assez bien si l'on considère que les années de paix et les années de guerre, celles surtout où l'on a fait de fortes levées, n'ont pas dû produire les mêmes nombres de naissances, sans tenir compte des autres circonstances qui influent sur la reproduction.

lation est devenue très-croissante depuis 1815, les décès n'ont pas subi de variation bien sensible; en effet, je trouvais pour Bruxelles, par exemple, les moyennes annuelles :

Pour 10 ans avant 1813, 2930 décès.

Pour 5 ans avant 1829, 3058 ;

tandis que les naissances ont fourni les nombres suivans :

ANNÉES.	NAISSANCES.	ANNÉES.	NAISSANCES.
1807	2766	1816	3130
1808	2803	1817	2987
1809	2706	1818	2815
1810	2855	1819	3183
1811	2937	1820	3236
1812	2952	1821	3468
1813	2667	1822	3667
1814	2610	1823	3609
1815	3172	1824	3812

En 1828, on a compté 4117 naissances.

Mais en traitant la question par l'analise, je n'ai pas tardé à reconnaître mon erreur, et je suis parvenu à ce résultat assez curieux : *Si l'on cherche ce que devient un nombre donné d'individus après* m + n *années, (* m *indiquant les années pendant lesquelles la population a été stationnaire, et* n *celles pendant lesquelles la population a reçu un accroissement ou un décroissement déterminé), on trouve que le nombre des survivans est le même, de quelque manière que les* m + n *années se soient succédé.* Ainsi, que notre population soit régulièrement croissante pendant dix années, puis stationnaire pendant vingt autres, ou que ces deux périodes se succèdent dans un ordre inverse, ou que même les années de ces périodes s'entremêlent, 10000 individus qui naîtraient actuellement, présenteraient le même nombre de survivans, quand les trente années seraient révolues. Les formules suivantes mettront ce résultat en évidence.

Soit A un certain nombre de naissances qui ont eu lieu dans une même année, et r l'accroissement de la population; l'accent au bas de la lettre indiquera l'année que nous considérons. Le nombre d'enfans A, sera réduit après un an à a_1, que nous trouverons dans les tables de mortalité, si la population est stationnaire; si elle est croissante, nous aurons :

Pour la 1re année $a_1 \, (1 + r_1)$

     2e — $a_2 \, (1 + r_1) \, (1 + r_2)$

     3e — $a_3 \, (1 + r_1) \, (1 + r_2) \, (1 + r_3)$

    . . . .

     n^e — $a_n \, (1 + r_1) \, (1 + r_2) \, (1 + r_3) \ldots\ldots (1 + r_n)$

Il peut se trouver que tous les individus de même âge aient été atteints en même temps d'un même fléau, qui en ait fait succomber un certain nombre, dont le rapport à celui des survivans soit connu; il faudra alors faire entrer un ou plusieurs nouveaux facteurs dans la formule. L'exemple s'en présente dans les levées générales et particulièrement dans les temps de guerre. Nous aurions tenu compte de ce facteur, si nous avions pu obtenir les résultats du grand recensement qui a été fait après notre séparation de la France, quand on a pris les inscriptions de plusieurs classes qui avaient déjà tiré au sort sous le gouvernement précédent, et qui avaient été éclaircies par plusieurs années de désastres. En nommant ρ, ρ_1.... ρ_s ces facteurs, on a définitivement la formule générale (1) :

---

(1) Il est facile de déduire de cette formule le résultat que j'ai énoncé plus haut. Je remarquerai encore que si l'on fait $\rho = \rho_1 = \rho_s = 1$; et que si, sur n années, on en suppose $n - 2$ pendant lesquelles la population est demeurée stationnaire, on aura, en regardant le rapport r comme constant pour les deux autres années, mais positif pour l'une et négatif pour l'autre, $$a_n \, (1 - r^2);$$ mais cette quantité est moindre que a_n, valeur qu'on aurait pour une population stationnaire pendant n années consécutives : ainsi l'on voit que l'accroissement de population d'une année ne compense pas l'effet du décroissement de l'autre. *En général, après un nombre n d'années, une population sera plus nombreuse si elle a été constamment stationnaire, que si elle a été alternativement croissante et décroissante, quoique le rapport de l'accroissement ait été égal à celui du décroissement, et l'effet d'une année ne compensera pas celui de l'autre. Ce qui au premier abord semble être un paradoxe.*

$$a_n \; (\, \mathrm{I} + r_{\scriptscriptstyle 1}) \; (\, \mathrm{I} + r_{\scriptscriptstyle 2}) \; (\, \mathrm{I} + r_{\scriptscriptstyle 3}) \ldots\ldots (\, \mathrm{I} + r_n \,) \; \rho \, , \; \rho_{\scriptscriptstyle 1} , \ldots \rho_s.$$

Appliquons maintenant cette formule au cas que nous avons à considérer: a_n est le nombre des survivans après n années; il est donné par les tables de mortalité, quand on prend la population comme stationnaire, et on peut le déduire analitiquement de la formule de Lambert, généralisée par Duvillard,

$$a_n = \Lambda \left(\frac{t-n}{t} \right)^{\!2} - p \left\{ e^{-\frac{n}{k}} - e^{-\frac{n}{h}} \right\}$$

dans laquelle t désigne l'âge le plus avancé dans la table, e la base des logarithmes népériens; p, k et h, des constantes qu'on modifie pour chaque table en particulier (1). Ce nombre a_n est inconnu dans le cas actuel.

Nous supposerons que depuis notre séparation de la France, l'accroissement de notre population a été constant; ce qui semble assez bien établi par les nombres donnés précédemment, et par les documens publiés par la *Commission* de statistique. En nommant m le nombre d'années écoulées depuis cette séparation, et en faisant les facteurs ρ, $\rho_{\scriptscriptstyle 1} \ldots \rho_s$ égaux à l'unité, la formule devient pour le cas que nous considérons :

$$60687 = a_{19} \; (\, \mathrm{I} + r)^m$$

a_{19} est l'inconnue du problème, c'est le nombre de jeunes gens de 19 ans qu'on aurait compté si l'accroissement de la population n'avait pas eu lieu. Cet accroissement, d'après ce que nous avons vu dans le Mémoire précédent, était de 10982 sur un million d'habitans; il faut compter qu'il a duré pendant dix ans de 1814 à 1824, pour le nombre moyen des miliciens que nous considérons; ainsi nous aurons :

$$60687 = a_{19} \; (\, \mathrm{I} + 0{,}010982)^{\mathrm{I0}} \, ,$$

ou $\log. \, a_{19} = \log. \, 60687 - \mathrm{I0} \log. \, 1{,}010982 \, ,$

ce qui donne 54408, pour valeur de a_{19}; c'est-à-dire, que si la population

---

(1) Lacroix, *Traité des probabilités*, page 181.

avait continué à être stationnaire comme avant 1814 et 1815, le nombre moyen des miliciens aurait été très-probablement 54408, au lieu de s'élever à 60687; et aurait correspondu dans ce cas même, pour l'année 1824, à une population de 6185000 âmes; ce qui s'accorde fort bien avec mes autres calculs et légitime de plus en plus mes conjectures.

Je pense qu'en général, à défaut d'un recensement complet de la population, qu'il sera toujours très-difficile d'obtenir avec une certaine exactitude, on pourrait employer avec succès la combinaison des élémens que présentent les registres de l'état-civil. L'inscription des décès par âges, aiderait à former des tables de mortalité susceptibles de précision, à l'aide desquelles on pourrait remonter à l'estimation de la population, en faisant à la fois usage des nombres annuels des naissances et des inscriptions pour la milice; je ne pense pas qu'on ait songé jusqu'à présent à employer, pour une semblable évaluation, ce dernier élément, qu'on peut obtenir cependant avec beaucoup d'exactitude. Il est quelques autres élémens secondaires, dont on pourrait aussi se servir comme de moyens de vérification.

L'Angleterre importait chez nous au commencement du 18ᵉ siècle, pour plus de 2000000 livres sterlings; au commencement de ce siècle, cette somme se trouvait plus que doublée, etc., page 13 (1).

Dans ces sortes d'évaluations, il est nécessaire d'avoir égard aux changemens de valeurs que subissent les espèces monnayées. Plusieurs économistes distingués, et entre autres M. J.-B. Say, ont cherché à établir la dépréciation de l'argent depuis l'antiquité jusqu'à nos jours, par la quantité plus ou moins grande de ce métal qu'il a fallu donner à différentes époques, pour obtenir une même quantité de blé. L'utilité que l'économie politique peut retirer de semblables calculs m'a porté à publier les documens suivans, qui pourront d'ailleurs par eux-mêmes piquer la curiosité de nos lecteurs (2).

---

(1) Je dois à l'obligeance de M. Cuylen, secrétaire de la régence de Bruxelles, la communication des papiers d'où j'extrais les documens qui font l'objet de cette note.

(2) La mesure est la *rasière*, qui se partage en 16 picotins; l'hectolitre vaut 2 rasières et $\frac{4}{3}$ picotin ou 2ʳ,083; la monnaie est le florin de Brabant, qui vaut 0,8571 florin des Pays-Bas, et 1,8141 franc (arg. de France). Ces résultats que comprend le tableau, sont les moyennes pour les dix ans qui suivent l'année indiquée.

ANNÉES.	FROMENT.		SEIGLE.		ORGE.		AVOINE.	
	fl.	s.	fl.	s.	fl.	s.	fl.	s.
1500	»	9	»	8	»	»	»	»
1510	»	10	»	8	»	»	»	»
1520	»	13	»	10	»	»	»	»
1530	»	15	»	11	»	9	»	6
1540	»	16	»	12	»	10	»	7
1550	1	2	»	16	»	14	»	9
1560	1	3	»	17	»	16	»	10
1570	1	16	1	6	1	5	»	14
1580	2	16	1	19	1	11	1	2
1590	2	18	1	19	1	19	1	2
1600	2	8	1	14	1	12	»	18
1610	2	11	1	16	1	13	»	19
1620	4	»	2	12	1	19	1	7
1630	4	4	2	19	2	11	1	11
1640	4	1	2	18	2	12	1	10
1650	3	14	2	11	2	7	1	8
1560	3	10	2	10	2	1	1	5
1670	3	10	2	5	2	1	1	7
1680	2	14	2	16	1	13	1	3
1690	4	8	3	3	2	9	1	12
1700	3	6	2	5	2	2	1	6
1710	3	2	2	2	1	18	1	5
1720	2	12	1	18	1	11	1	»
1730	2	8	1	15	1	8	»	19
1740	3	1	1	19	1	15	1	3
1750	2	12	1	17	1	12	1	2
1760	3	2	2	1	1	13	1	4
1770	3	8	2	4	1	19	1	6
1780	3	12	2	10	2	6	1	9
1790	4	8	2	19	2	12	1	16
1800 (1)	4,	49	2,	93	2,	50	1,	70
1810	5,	75	3,	76	3,	04	1,	94
1820	3,	45	2,	21	1,	85	1,	45

(1) Comme nous l'avons déjà fait observer, la mesure de capacité pour les trois siècles qui précèdent, est la rasière; et la monnaie, le florin de Brabant: dans ce qui suit, la mesure est le demi-hectolitre et la monnaie le florin des Pays-Bas.

On voit que vers le milieu du seizième siècle, le prix des grains a subi une augmentation considérable : on sait du reste qu'elle est due surtout à la découverte de l'Amérique, qui nous a mis en possession d'une plus grande quantité d'or et d'argent.

M. J.-B. Say, dans son *Traité d'économie politique*, a estimé la valeur de l'hectolitre de blé, en grains d'argent pur, pour quelques époques marquantes : voici les valeurs qu'il a obtenues par ses calculs ;

à Athènes,	au temps	de Démosthènes.	303 gr.
à Rome ,	»	de César	270
en France,	»	de Charlemagne.	245
»	»	de Charles VII	219
»	(1514)		333
»	(1536) sous François Ier		731
»	(1610) à la mort de Henri IV. . .		1130
»	(1640)		1280
»	(1789)		1342
»	(1820)		1610

M. Say conclut de ses résultats que la valeur propre de l'argent a décliné dans la proportion de six à un.

Nous ferons une autre observation assez intéressante, c'est que le rapport des valeurs du froment, du seigle, de l'orge et de l'avoine ont fort peu varié, pendant que le rapport des valeurs de ces céréales et de l'argent subissait des variations si remarquables. En prenant en effet pour unité la valeur du froment dans chaque siècle, on trouve pour

LE SIÈCLE.	SEIGLE.	ORGE.	AVOINE.
16me	0,72	0,61	0,38
17me	0,72	0,60	0,37
18me	0,68	0,59	0,39
19me	0,65	0,54	0,37

L'orge et le seigle ont cependant sensiblement perdu de leur valeur, en comparant leurs prix à celui du froment; il n'en est pas de même de l'avoine ; le rapport a conservé une valeur à peu près rigoureusement la même.

FIN DES NOTES.

OBSERVATIONS SUR LES TABLEAUX NUMÉRIQUES.

Tableau n° 1. — Les résultats consignés dans ce tableau m'ont été communiqués obligeamment par le Ministère de l'intérieur. Je dois faire observer toutefois que les opérations du cadastre n'étant point encore terminées pour le royaume entier, les nombres concernant plusieurs cantons n'ont pu être fournis que d'une manière approximative.

Tableau n° 2. — Ce tableau est extrait en grande partie des *Documens officiels*, imprimés à La Haye, en 1827 (voyez la note (1) de la 2ᵉ page du Mémoire précédent). Les colonnes pour les naissances, les décès, les mariages et les divorces, renferment les résultats de dix années (1815—1825).

Tableau n° 3. — Ce tableau est tiré des *Comptes rendus au Roi*, qu'on imprime à La Haye, sous format in-folio, et que l'on communique annuellement aux États-Généraux. Ces documens précieux n'existent point dans le commerce de la librairie. Le premier tableau comprend dans onze colonnes, les principaux articles des dépenses du royaume pendant autant d'années; une douzième colonne contient les valeurs moyennes. La partie inférieure du tableau présente dans le sens vertical, les dépenses pour les différentes années qui se trouvent indiquées au haut des colonnes; et dans le sens horizontal, ce qui a été dépensé pendant le courant de l'année qui se trouve indiquée en tête de la ligne horizontale. Une dernière colonne renferme les totaux des exercices des différentes années. Le nombre 98106820,7 (b) au bas de la colonne, est la moyenne des totaux de tous les exercices, excepté ceux de l'année 1816, que nous ne devions pas comprendre dans nos calculs.

Les dépenses pour l'instruction et les arts, et celles pour le commerce et les colonies, ont été présentées séparément dans quelques volumes, et réunies dans d'autres; j'ai pris le parti de les présenter sous cette dernière forme; il en a été de même du waterstaat et de l'intérieur. Sous le titre *Instruction, arts*, etc., pour l'année 1826, on ne trouve que 73019 fl. (a) : ce nombre concerne uniquement le commerce et l'industrie; ce qui se rapporte à l'instruction est compris sous le titre *Intérieur*.

Il faut remarquer encore qu'à partir de 1820, on a anticipé plusieurs fois pour les dépenses; c'est ainsi qu'en 1826, on a payé 10414267 fl. sur l'année 1827.

Les observations que je viens de faire, sont en général applicables à la *suite du 3ᵉ tableau*, qui concerne les recettes du royaume. J'ai été encore dans le cas de devoir, dans plusieurs endroits, réunir sous un même titre, différens articles qui étaient présentés isolément dans différens volumes des *Comptes rendus.*

Tableau n° 4. — Comme les impôts par provinces offrent proportionnellement peu de variations d'une année à l'autre, excepté pour les cas où la nature des impôts a varié, je me suis borné à présenter les résultats d'une seule année, sans y comprendre les cents additionnels qui ne feraient qu'augmenter les nombres sans changer leurs rapports. Tous les nombres, excepté ceux de la dernière colonne, sont extraits des *Comptes rendus* pour 1826. La dernière colonne fait connaître les *revenus provinciaux*, sans y comprendre les emprunts. Les revenus toutefois doivent être considérés plutôt comme présomptifs que comme réguliers, parce que plusieurs comprennent des subsides extraordinaires, des restans de taxes, etc.

Tableaux n°s 5 et 6. — Voyez ce qui a été dit aux pages 13, 14 et 19. La dernière partie du tableau n° 6, concernant les universités, ainsi que la colonne qui fait connaître les dépenses pour l'instruction primaire ont été tirées du *Rapport sur les écoles du royaume*, publié en 1828. La colonne concernant les écrits périodiques a été extraite de la *Correspondance mathématique.*

Tableaux n°s 7 et 8. — Ces tableaux, comme nous l'avons déjà indiqué, sont tirés du *Rapport sur les institutions de bienfaisance du royaume*, en 1826, publié à La Haye, imprimerie de l'état, in-8°, 1828.

Tableaux n°s 9, 10, 11 et 12. — Le premier de ces tableaux doit inspirer plus de confiance que le second, dans lequel il semble s'être glissée une erreur qui proviendrait de ce que sous la peine du *carcan*, on a compris l'exposition avec emprisonnement, en vertu de l'arrêté du 11 décembre 1813. Ces différens tableaux, du reste, n'ont pas besoin d'explications. Il est également superflu, je crois, d'observer que tous les nombres qu'ils contiennent, n'étant donnés que pour une seule année, ne peuvent conduire à des conclusions satisfaisantes qu'autant qu'on ne les considère pas trop isolément.

J'ai indiqué fidèlement les sources auxquelles j'ai puisé, parce que cette garantie doit s'attacher de rigueur à toutes les recherches statistiques, pour qu'elles aient un caractère utile. Cependant, je ne prétends pas me décharger par-là de toute responsabilité; les erreurs qu'on pourrait rencontrer dans les tableaux que je présente, malgré toutes les précautions que j'ai prises pour les éviter, ne doivent être attribuées qu'à moi seul.

ÉTENDUE EN BONNIERS. *(Hectares.)*

PROVINCES.	TERRES CULTIVÉES.	TERRES INCULTES.	TERRAINS BATIS.	CHEMINS ET CANAUX
inde	148029	6175	283	3929
ldre	289802	209581	862	8950
bant septentrional . .	277183	187527	1388	35195
lande septentrionale . .	203008	28126	625	13355
— méridionale. . .	244213	8737	1950	32281
echt	110281	12764	492	9657
e	235705	8064	1193	18656
ryssel	175863	148239	497	4113
ningue	173063	27935	465	3436
nthe	74229	152174	307	2556
bourg	310514	139410	1480	15283
je	237579	40850	915	9648
ur	278397	58959	926	9401
embourg.	463423	167760	1462	17571
aut	356258	3455	2962	9794
ant méridional . . .	316883	1356	1768	8419
dre orientale . . .	264988	1310	4422	11641
— occidentale . . .	296915	8690	2015	8965
ers	197303	72651	1719	12157
Royaume . . .	4653636	1283763	25731	235007

MOUVEMENT DE LA POPULATION

pour 10 ans.

PROVINCES.	POPULATION.		NAISSANCES.	DÉCÈS.	MARIAGES.	DIVORCES.
	(1815.)	(1825.)				
Zélande	111108	129329	55331	42436	10645	27
Gueldre.	264097	284363	90862	59818	19337	13
Brabant septentrional . .	294087	326617	100863	69507	20380	1
Hollande septentrionale . .	375257	393916	145744	121725	34789	209
— méridionale . . .	388505	438202	165741	143850	34942	148
Utrecht.	107947	117405	41038	29928	8982	30
Frise	176554	202530	65565	38219	15327	46
Overyssel	147229	160937	51951	37479	11629	13
Groningue	135642	156045	51673	30539	11492	37
Drenthe	46459	53368	16723	9858	3954	3
Limbourg	287613	321246	101781	70549	22960	5
Liége	358185	331101	113623	82698	24387	24
Namur	164400	189393	58690	34134	12592	8
Luxembourg	213597	292610	92242	58695	18740	1
Hainaut.	488595	546190	183198	118289	30591	27
Brabant méridional	441649	495455	169181	119109	36423	5
Flandre orientale . . .	615689	687267	218830	162834	43120	»
— occidentale. . . .	516324	563826	191139	141310	37882	6
Anvers	291565	323678	101471	70623	23075	2
Le Royaume	5424502	6013478	2015646	1421600	430247	605

PRINCIPAUX ARTICLES

DES DÉPENSES DU ROYAUME DES PAYS-BAS PENDANT ONZE ANNÉES.

(D'après les documens officiels. Imprimerie de l'État.)

	1816.	1817.	1818.	1819.	1820.	1821.	1822.	1823.	1824.	1825.	1826.	1827.	MOYENNES.
Maison du Roi	2600000	2600000	2600000	2600000	2600000	2600000	2250000	2600000	2600000	2600000	2200000		2531626
Grands corps de l'État et Secrétairerie	1408635	995291	1421937	1284472	1178569	1111285	1188215	1158076	1165350	1106655	1065430		1202821
Affaires étrangères	929838	1313161	728181	712692	709817	705503	698233	612913	702228	741478	786969		789838
Justice	3395111	3496242	3615962	3531148	3345535	3221321	3143117	3524211	3416065	2737756	2792059		3243567
Intérieur et Waterstaat	7245910	5792246	7725706	6851162	5203640	6019524	4019617	4953189	5397643	4721297	6159249		5744539
Cultes, excepté le Culte catholique	1284261	1235737	1320119	1335602	1305298	1102449	1246828	1446807	1376767	1285023	1327311		1351353
Culte catholique	1345176	1932552	1627945	1356604	1590614	1080930	1086635	1723885	1669688	1685277	1621413		1668863
Instruction, arts, commerce et colonies	2894576	3436205	3361899	3130023	1730573	1713882	1394012	1641569	2271250	2190401	73019 (a)		2155520
Finances	23314342	24540507	27758839	26096698	25218864	25630517	25612107	37043098	38117995	36887178	38707562		31555420
Marine	6654531	5337433	5492743	5190528	5451548	5037745	5433805	5977044	6066955	6285523	6580854		8155101
Guerre	17128594	27367487	15371875	24544561	18792529	15477752	10147985	28304249	14997266	12703073	18444535		5775511, 2855651

EXERCICES.	1813.	1814.	1815.										TOTAUX DES EXERCICES
1816	674203	20188608	46005197	67875744									118724492
1817	44207	524425	1925258	24118561	74447100								112877561
1818	92213	88234	5254426	2862714	19349596	67283087							94805609
1819	4472	72603	2105817	4411325	1407534	18709702	65545935						90364608
1820						2924711	10628538	65989907	478510				86030664
1821						1960390	1108136	24565307	61360103				91674256
1822						1288270	500204	443111	209384	63249698	477800		94643606
1823								285073	2917709	22469658	46487216		92901498
1824										9501081	14386209	6998882	101897147
1825											9780988	16057474	8061965		126177979
1826												1250791	13500003	8189950		118116949
Tot. des années.	1015615	2694470	54664607	99268344	94299290	91676680	63844971	92826080	90230493	95217537	91731253	98117117	9363537	84233638	10414467	98106820, 7 (b)

PRINCIPAUX ARTICLES

DES RECETTES DU ROYAUME DES PAYS-BAS PENDANT ONZE ANNÉES.

(D'après les documens officiels. Imprimerie de l'État.)

	1816.	1817.	1818.	1819.	1820.	1821.	1822.	1823.	1824.	1825.	1826.	MOYENNES.
Contributions diverses	25363700	29771169	29645360	27437696	29554107	32049316	31160743	32165940	29583229	28089562	28972818	29486436
Timbre, enregistrement, hypothèques, droit de succession, domaines, eaux et forêts.	12326466	11503594	11687910	12528809	13083287	12545584	12983055	12809697	10988499	12764441	12801202	12209557
Droits d'entrée et de sortie, accises et péages	32127999	13981882	16484084	18530645	10944461	22349155	22929077	34404604	28883571	31058510	31121666	27727855
Droit de garantie sur l'or et l'argent	131786	200801	218418	204178	180507	179009	164857	191125	168932	196387	188908	181749
Postes	1066306	1003965	1065172	1097983	1012383	1818224	1876685	1929442	1925572	1968393	1988496	1616759
Loterie des Pays-Bas.	448962	654607	35058 9	677652	304248	598540	607525	353791	626607	699383	584449	547212
— de Bruxelles	1270047	586961	890293	320469	215830	526078	638596	802270	890922	941291	1019587	753418
Recettes des grandes communications du Royaume	2546080	727785	1106355	942614	851051	1010799	1011524	1079985	959836	1203085	1108843	1057375

													TOTAUX DES EXERCICES.
1816	138709	797564	70740418	68306906									140023658
1817	103841	196684	8445388	21503006	55875344								83416624
1818	93084	28591	606863	833260	22284980	59250568							83075521
1819	1390	11500	40895	119563	587217	18750618	48008 2						80923971
1820						98436g	63000321	459266					80467234
1821						300791	14563305	6544620	360209				89317711
1822						301506	662091	4817973	635a654a	10701			85571108
1823							352500	420570	22171269	60307661	10203		96150985
1824								305328	143a651	2885687	71500157	20177587	91809877
1825										911776	10220313	10889127	81410941	95954965
1826											36566g6	6051321	18816981	104544123

| TOTAUX DES ANNÉES . . . . . | 336563 | 924809 | 79813464 | 90911757 | 78701541 | 77404970 | 79083180 | 91687777 | 87949830 | 84281978 | 85407169 | 87116635 | 96917924 | 82973510 | 88044152, 9(c) |

IMPOTS PAR PROVINCES. (*)

Exercice de 1826.

PROVINCES.	TOTAL DE L'IMPOT		PATENTES.	TIMBRE, timbre, appel., etc.	TIMBRE DES JOURNAUX		DROITS D'ENTRÉE ET DE SORTIE.	ACCISES.	POSTES.	BARRIÈRES.	REVENUS PROVINCIAUX.
	FONCIER.	PERSONNEL.			INDIGÈNES.	ÉTRANGERS.					
Brabant septentrional	718600	247846	89585	318235	799	258	26	907142	69244	26175	102635
—— méridional	1156700	681409	170307	1179037	20614	3550	76038	2464036	212627	282640	251135
Limbourg	499977	158464	67631	299168	843	142	219590	863493	39270	40186	126701
Gueldre	665649	279001	91625	389944	2733	370	535793	729556	80439	14228	60300
Liége	551228	288007	122210	495311	10058	901	170570	1179551	95462	81379	136344
Flandre orientale	1718384	712071	222517	1043077	10760	958	41319	2266808	97790	101725	227874
—— occidentale	1446187	499940	126843	678291	1922	652	293209	1537567	68399	71678	196905
Hainaut	927517	466912	186613	727704	2378	1028	480077	1804986	84088	240515	237694
Hollande septentrionale	1969130	1142798	444526	1603348	44124	4220	1259066	2430096	425566	15416	204935
—— méridionale	2023751	966936	330951	1365818	14518	3080	1417126	2790702	362723	14909	199155
Zélande	550933	201801	50303	259024	1642	20	15470	544805	30874	3901	59062
Namur	739265	457020	47338	345164	»	237	66949	560404	26267	40066	96840
Anvers	533552	241060	60281	701861	6402	1564	1061833	1570540	154111	59376	142676
Utrecht	1203845	279717	100747	499951	1200	355	16710	501864	55981	28161	49816
Frise	341302	145900	53803	207639	5730	83	139087	752241	39180	»	254411
Overyssel	498484	198416	77661	244654	242	125	93655	451564	61447	»	35570
Groningue	96410	38848	23332	57061	3129	29	56919	478225	40661	6889	113417
Drenthe	387518	103829	58588	366877	176	5	1204	143920	9465	1361	18735
Luxembourg					224	166	113060	461491	30881	39896	58719
Le Royaume	16394853	7224931	2490776	11093989	127994	17743	6057701	22438989	1984476	1068502	2572924

(N. B.) (*) Sans les cents additionnels. On trouve, dans la dernière colonne, les *revenus provinciaux* pour 1827, y compris les subsides extraordinaires et les restans des taxes (*begrootingen*). Ces revenus du reste doivent être pris comme présomptifs.

TABLEAU

DES IMPORTATIONS ET DES EXPORTATIONS

DES PAYS-BAS ET DE L'ANGLETERRE,

D'après les résultats recueillis par **M.** *Moreau, vice-consul de France à Londres, dans les états officiels et dans les documens parlementaires.*

ANNÉES.	EXPORTATIONS DES PAYS-BAS EN ANGLETERRE.	IMPORTATIONS DE L'ANGLETERRE DANS LES PAYS-BAS.
PÉRIODES DE GUERRE.		
1697	552484 Livres sterl.	1671895 Livres sterl.
1712	604154	2251404
1721	563434	2085681
1748	577795	2533097
1762	487292	2239508
1783	1064103	2443795
1801	653163	1516185
1815	893781	2346695
PÉRIODES DE PAIX.		
1701	624410	2044228
1717	526894	2349633
1738	670772	2108739
1755	407240	2442947
1774	386378	2427661
1792	717057	2317986
1802	1000768	4392617
1822	961269	4337316
1823	1083758	4057243
1824	1564273	4234806

PUBLICATIONS

Faites dans les Pays-Bas, sans y comprendre les Journaux, les Recueils périodiques, les contrefaçons, etc.

	1825	1826	1827
Théologie	111	103	99
Jurisprudence, médecine, physique, etc.	93	105	146
Histoire	94	96	96
Philologie, poésie, théâtre	135	134	114
Mélanges, romans.	246	325	286
	679	763	741
Traductions de l'allemand		107	120
— du français		57	58
— de l'anglais		30	25
— de l'espagnol.		1	»
		195	203

ÉTAT

De l'Instruction dans le Royaume des Pays-Bas (1er janvier 1826).

PROVINCES.	ÉLÈVES DANS LES				TOT.	Dépenses pour l'instruc. primair. en 1826.	Collèges ou écoles latines.	Écrits périodiques et journaux.
	ÉCOLES PRIMAIR. garçons.	filles.	PETITES écoles.	ÉCOL. travail.				
Brabant septentional.	20630	14529	2624	195	37978	48066	420	6
— méridional .	21993	16177	4863	508	43541	74293	779	40
Limbourg	13493	8795	1466	»	23754	22050	782	2
Gueldre.	18881	12243	2031	»	33155	58245	172	4
Liége.	13794	8539	933	67	23333	12311	634	10
Flandre orientale. .	25644	22205	6399	1624	55872	21065	274	5
— occidentale .	21028	17830	6888	11376	57122	34681	256	4
Hainaut.	32179	21736	6504	18	60437	61379	1263	3
Hollande septentrion.	22018	16880	9062	88	48048	159226	221	38
— méridionale.	23813	16885	8179	1296	50173	116715	225	22
Zélande.	7959	4813	1386	47	14205	35267	37	8
Namur	12139	9565	1247	27	22978	37919	435	»
Anvers	15805	11914	2969	713	31401	34765	570	3
Utrecht	6765	5156	1468	277	13666	27433	119	2
Frise.	14571	10351	2011	»	26933	48104	121	1
Overyssel	13484	10587	1582	219	25872	41824	113	1
Groningue. . . .	11883	9374	331	»	21588	23660	84	4
Drenthe.	4770	4039	90	»	8899	8572	28	1
Luxembourg . . .	19925	14819	160	»	34904	24798	505	2
Le Royaume	320774	236437	60193	16455	633859	890373	7038	156

UNIVERSITÉS	THÉOLOGIE.	DROIT.	MÉDECINE.	SCIENCES.	PHILOSOPHIE ET LETTRES.	TOTAUX.
Leyde	103	138	60 *	8	227	536
Utrecht.	154	103	20	33	170	480
Groningue. . . .	94	73	28	14	91	300
Louvain	»	154	70	63	335**	622
Liége	»	197	84	63	115	481 ***
Gand	»	144	124	33	54	355
	351	809	386	214	992	2774

* Les jeunes gens compris dans ce nombre suivent en même temps les cours préparatoires.

** Les élèves du collége philosophique sont compris dans ce nombre.

*** Ce total comprend 22 élèves de l'école des mines.

Élèves aux Universités pendant les années :

	1824.	1825.	1826.
Théologie	246	325	351
Droit	723	807	809
Médecine	355	374	386
Sciences.	233	226	214
Philosophie et Lettres.	718	904	992
TOTAUX	2275	2636	2752

INSTITUTIONS DE BIENFAISANCE.

ESPÈCES D'INSTITUTIONS.	NOMBRE DES INSTITU- TIONS.	INDIVIDUS SECOURUS.	DÉPENSES FAITES EN SECOURS.	DÉPENSE PAR INDIVIDU.
Administrations pour les secours à domicile.	5129	745652	5448740	7,31
Commissions pour distribuer des alimens, etc.*	36	22056	82424	3,73
Sociétés de charité maternelle.	4	1448	13493	9,32
Hospices	724	41172	4091157	99,37
Fonds pour le service militaire.	1	2277	110942	48,73
Hospice royal de Messine.	1	156	23290	149,30
Écoles des pauvres	285	147296	247176	1,67
Ateliers de charité.	34	6169	406704	65,92
Dépôts de mendicité.	8	2598	229587	88,37
Sociétés de bienfaisance pour les colonies. .	2	8553	353529	41,33
Établissemens pour les sourds et muets . .	4	239	41994	175,70
Totaux	6228	977616	11049036	Moy. 11,30

CAPITAUX EMPLOYÉS.

Monts-de-piété.	124	»	4208068	»
Caisses d'épargnes	50	18035	2771608	153,93

* On n'a point de documens relatifs aux sociétés qui fournissent des secours aux pauvres honteux.

INSTITUTIONS DE BIENFAISANCE.

(1826.)

PROVINCES.	SECOURS A DOMICILE.		HOSPICES.		ATELIERS DE CHARITÉ.		MONTS-DE-PIÉTÉ.		CAISSES D'ÉPARGNES.		ÉCOLES DE PAUVRES.	
	INDIVIDUS.	DÉPENSES.	INDIVIDUS.	DÉPENSES.	INDIVIDUS.	DÉPENSES.	CAPITAUX.	BÉNÉFICES NETS.	PARTICIPANS.	MISES.	ÉLÈVES.	DÉPENSES.
Brabant septentrional	22374	238205	606	72880	34	800	45200	1320	286	33241	744	2138
— méridional	112387	374193	4776	528565	320	12910	480340	20300	»	»	4450	19352
Limbourg	40958	153447	1871	103934	»	»	65000	5700	»	»	766	1262
Gueldre.	19180	241925	1366	186961	226	10818	107395	6339	2057	254913	1642	6842
Liége.	59446	145258	1258	156363	»	»	217278	4854	»	»	1626	3939
Flandre orientale	66725	367160	3036	288998	740	74000	172503	6732	115	67685	3708	16507
— occidentale.	83500	392205	2328	256500	133	4210	224300	10300	»	»	7970	7632
Hainaut.	104220	339739	3524	275164	»	»	185961	3306	180	4159	5168	13758
Hollande septentrionale	83100	671822	7781	744742	887	90976	689745	68383	3785	444546	8691	60427
— méridionale	41092	945500	4466	591816	792	98554	865871	69501	7067	1209814	10567	63640
Zélande.	8252	228659	703	89427	199	16500	132298	9703	434	56444	760	5095
Namur	25980	48352	1349	83201	»	»	6356	416	»	»	2101	7337
Anvers	22636	252524	4028	285294	887	58385	283180	9368	»	»	1243	5128
Utrecht.	14191	232800	946	135677	»	»	238351	5000	1104	261589	2453	12162
Frise.	23179	464914	1139	115467	223	7140	237226	8830	1518	213912	1785	9990
Overyssel	6580	112056	877	89414	178	25637	104650	4067	1298	175017	1015	4772
Groningue	7577	191200	707	58213	178	6763	146515	3956	191	50287	1476	6661
Drenthe	1976	30428	140	8748	»	»	5400	608	»	»	»	»
Luxembourg	2299	18352	271	19792	»	»	»	»	»	»	462	1434
Le Royaume	745652	5448739	41172	4091156	6169	406703	4208069	239683	18035	2771607	56617	247176

CRIMES CONTRE LES PERSONNES.

NATURE DES CRIMES.	NOMBRE DES			NOMBRE DES CONDAMNÉS								NOMBRE Des enfans à détenir dans une maison de correction.
	accusations.	accusés.	acquittés.	à mort.	TRAV. FOR.		à la réclus.	au carcan.	ou bannissement.	à la dégradat. civique.	à des peines correct.	
					à perpét.	à temps.						
Crimes et délits politiques . . .	»	»	»	»	»	»	»	»	»	»	»	»
Rébellion	23	68	26	1	»	2	19	»	»	»	20	»
Contravention aux lois sanitaires.	»	»	»	»	»	»	»	»	»	»	»	»
Évasion de détenus	3	3	»	»	»	»	»	»	»	»	3	»
Faux témoignages et subornation.	12	17	2	»	»	»	5	2	»	»	8	»
Assassinat	10	13	3	6	4	»	»	»	»	»	»	»
Empoisonnement	»	»	»	»	»	»	»	»	»	»	»	»
Parricide	»	»	»	»	»	»	»	»	»	»	»	»
Meurtre	17	24	7	»	10	»	1	»	»	»	5	1
Coups et blessures	76	123	26	»	»	11	34	6	»	»	46	»
Coups envers ascendans . . .	22	21	4	»	»	1	12	»	»	»	4	»
Arrestations arbitraires . . .	»	»	»	»	»	»	»	»	»	»	»	»
Menaces sous condition . . .	5	5	2	»	»	3	»	»	»	»	»	»
Mendicité avec violence . . .	1	1	»	»	»	»	1	»	»	»	»	»
Bigamie	2	2	»	»	»	»	2	»	»	»	»	»
Avortement	»	»	»	»	»	»	»	»	»	»	»	»
Infanticide	2	2	»	1	»	»	»	»	»	»	1	»
Crimes contre enfans, enlèvement et détournement de mineurs. .	»	»	»	»	»	»	»	»	»	»	»	»
Viol et attentat à la pudeur . .	13	16	2	»	3	»	8	»	»	»	3	»
Viol sur des enfans au-dessous de 15 ans	8	9	1	1	1	4	1	»	»	»	1	»
TOTAUX . .	194	304	73	9	18	21	83	8	»	»	91	1

CRIMES CONTRE LES PROPRIÉTÉS.

NATURE DES CRIMES.	NOMBRE DES			NOMBRE DES CONDAMNÉS									NOMBRE Des enfans à détenir dans une maison de correction.
	accusations.	accusés.	acquittés.	à mort.	TRAV. FOR.		à la réclus.	au carcan.	au bannissement.	à la dégradat. civique.	à des peines correct.		
					à perpét.	à temps.							
Concussion et corruption. . .	4	9	4	»	»	»	3	2	»	»	»	»
Soustraction de deniers publics.	10	10	»	»	»	6	1	2	»	1	»	»
Incendie d'édifices	8	11	4	4	»	»	»	»	»	»	»	3
Incendie d'autres objets . . .	»	»	»	»	»	»	»	»	»	»	»	»
Destruction, dégradation de propriétés, etc.	3	8	6	»	»	2	»	»	»	»	»	»
Fausse monnaie.	7	11	2	2	»	»	»	»	»	»	7	»
Contrefaçon de sceaux, mart, etc.	2	2	1	»	»	»	1	»	»	»	»	»
Faux par supposition de person.	4	5	1	»	»	2	2	»	»	»	»	»
Faux en écriture de commerce.	8	12	»	»	2	4	»	2	»	»	4	»
Autres faux	37	40	12	»	4	4	11	7	»	»	2	»
Banqueroute frauduleuse. . .	14	14	2	»	»	8	»	2	»	»	2	»
Vols dans les églises	4	5	1	»	2	1	1	»	»	»	»	»
Vols sur les chemins publics . .	8	9	2	1	6	»	»	»	»	»	»	»
Vols domestiques	185	198	24	»	»	11	83	31	»	1	45	3
Autres vols	528	744	91	1	42	149	202	95	»	1	154	9
Extorsion de lettres de change, obligations, etc.	»	»	»	»	»	»	»	»	»	»	»	»
Soustraction et suppression de titres et actes.	2	2	»	»	»	»	1	»	»	»	1	»
Bris de scellés	»	»	»	»	»	»	»	»	»	»	»	»
Importation de marchandises prohibées	2	5	»	»	»	»	»	»	»	»	5	»
TOTAUX	826	1085	150	8	56	187	305	141	»	3	220	15

TRIBUNAUX CRIMINELS.

PROVINCES.	Rébellion.	Évasion de détenus.	Faux témoignage.	Attentat.	Meurtre.	Coups et blessures.	Coups envers ascendans.	Menaces par lettres.	Meurtrisé avec violence.	Bigamie.	Infanticide.	Viol et attentat à la pudeur.	Viol sur enfans.	Concussion.	Soustraction de deniers publics.	Incendie d'édifices.	Destruction.	Fausse monnaie.	Contrefaçon de sceaux.	Faux par supposition.	Faux en écritures.	Autres faux.	Banqueroute fraud.	Vol d'église.	Vol sur grand chemin.	Vols domestiques.	Autres vols.	Soustraction et suppression.	Importation de marchandises prohibées.	TOTAUX.
Brabant septentrional	9	»	»	2	»	8	»	»	»	»	»	1	2	2	»	1	»	»	»	»	»	1	»	2	1	33	»	»		64
Gueldre	4	»	2	»	»	2	2	»	1	1	»	2	»	»	»	»	1	»	»	»	»	3	1	»	»	8	48	»	»	74
Hollande septentrionale. Utrecht	3	»	»	»	1	5	3	»	»	»	»	2	1	»	»	»	»	»	»	4	7	1	»	1	27	113	»	»		168
— méridionale	7	3	»	2	1	7	1	»	»	»	»	2	»	»	2	»	»	»	»	»	3	1	»	»	31	83	»	»		143
Zélande	»	»	1	»	»	3	1	»	»	»	»	»	»	1	1	1	5	»	»	»	2	1	»	»	7	31	1	»		55
Frise	»	»	1	»	»	2	»	»	»	»	»	»	»	1	»	»	»	»	»	2	»	»	»	»	13	47	»	»		66
Overyssel	16	»	»	»	»	»	»	»	»	»	»	»	»	»	»	»	»	»	1	3	»	»	»	»	2	17	»	»		39
Groningue et Drenthe	5	»	1	»	10	»	»	»	»	»	»	»	»	1	»	»	»	»	»	»	»	»	»	»	7	29	»	»		55
Limbourg	3	»	5	1	1	4	3	»	»	»	»	»	1	»	1	»	»	5	»	»	»	1	»	2	6	63	»	2	99
Liége	»	»	»	1	5	13	2	1	»	»	»	»	»	»	1	»	»	»	1	»	»	3	1	18	22	»	»		69
Namur	»	»	2	»	6	»	»	»	»	»	»	»	»	»	»	»	»	»	»	1	»	»	3	10	20	»	»		38
Luxembourg	2	»	»	»	2	1	1	»	»	»	»	»	»	2	1	»	1	»	»	1	»	»	»	5	19	»	»		35
Brabant méridional	8	»	1	8	23	1	»	»	1	»	1	»	»	3	»	4	6	4	3	»	9	60	1	»		137
Flandre orientale	11	»	4	1	3	16	2	»	»	1	5	3	»	6	»	»	2	»	7	»	2	17	45	»	»		125
— occidentale	»	»	»	»	3	7	3	»	»	»	»	»	1	»	1	»	6	»	»	2	8	21	36	»	3	79
Hainaut	»	3	»	»	8	»	1	»	»	3	2	2	2	»	1	»	»	1	2	»	1	6	28	»	»		60
Anvers	»	1	2	»	8	2	2	»	»	»	»	»	4	1	»	»	»	»	1	2	»	1	10	50	»	»		83
Le Royaume	68	3	17	13	24	123	21	5	1	2	2	16	9	9	10	11	8	11	2	5	12	40	14	5	9	198	744	2	5	1389

TRIBUNAUX CORRECTIONNELS.

(Principaux délits.)

PROVINCES.	Tenue des actes de l'état-civil.	Rebellion.	Outrages et violences envers fonct. publics.	Evasion de détenus.	Vagabondage.	Attentat aux mœurs.	Mendicité.	Coups et blessures volontaires.	Homicides et blessures involontaires.	Ouvrages publics à la pudeur.	Diffamations et injures.	Vol.	Banqueroute simple.	Escroquerie.	Abus de confiance.	Chasse et port d'armes.	Délits ruraux.	Usure.	Contraven. aux lois sur les eaux et forêts, etc.	TOTAUX.	SIMPLE POLICE.
Brabant septentrional	9	8	28	»	15	»	28	134	3	1	6	59	»	9	1	85	17	»	42	1356	138
Gueldre	6	23	12	1	7	»	39	379	»	1	20	172	»	16	3	56	7	1	89	1254	273
Hollande septentrionale et Utrecht	»	41	77	6	5	»	45	415	9	2	39	159	2	29	18	53	12	»	»	2154	479
— méridionale	4	»	86	15	9	»	31	407	7	3	32	158	2	17	19	28	»	»	»	1315	537
Zélande	»	»	25	2	6	»	11	126	1	»	3	87	»	2	7	8	»	»	26	424	62
Frise	»	6	14	3	»	3	8	106	1	»	16	53	»	2	4	4	»	»	»	395	263
Overyssel	»	»	12	1	1	»	7	166	»	1	8	26	»	3	3	19	3	»	3	319	51
Groningue et Drenthe	»	20	4	6	»	2	2	95	3	1	12	40	»	3	5	11	3	»	»	438	204
Liége	5	»	21	»	4	»	194	457	15	»	28	92	»	9	3	56	102	1	447	1967	969
Limbourg	1	10	25	4	54	2	140	628	3	3	42	188	2	13	8	46	96	9	106	2014	812
Namur	1	7	35	»	8	»	31	500	8	3	242	55	1	5	4	43	57	»	886	2146	1029
Luxembourg	2	9	46	2	13	»	27	200	7	6	30	62	1	4	»	86	79	»	2109	4146	3106
Brabant méridional	1	26	87	1	26	6	158	879	21	5	89	285	»	18	26	159	255	3	514	3331	1403
Flandre orientale	13	28	116	1	55	3	103	1019	18	4	10	410	9	6	22	147	81	»	140	3215	1121
— occidentale	1	17	109	»	55	10	103	939	13	9	58	381	»	2	12	88	47	1	236	3267	1238
Hainaut	2	28	71	»	1	»	17	354	6	4	28	171	»	»	7	105	140	1	410	1815	1324
Anvers	»	21	21	1	24	4	57	428	3	1	42	150	»	»	6	67	117	4	52	1338	439
Le Royaume. { Accusés	45	244	789	43	283	28	1001	7232	118	44	705	2548	17	138	148	1061	1016	20	5060	30894	13468
Accusations	39	148	549	20	246	17	820	4361	109	35	474	1839	12	106	123	844	648	18	3579	22489	
Acquittés	2	49	222	4	145	13	196	2372	41	11	368	697	7	47	38	247	216	6	380	6666*	2858

* Nombre douteux.

www.ingramcontent.com/pod-product-compliance
Lightning Source LLC
Chambersburg PA
CBHW070916280326
41934CB00008B/1744